家长执照

合力推进协同育人的有效范式

"上城教育高质量发展系列丛书"编委会
编 著

图书在版编目 (CIP) 数据

家长执照：合力推进协同育人的有效范式 / “上城教育高质量发展系列丛书”编委会编著 .—上海：上海交通大学出版社，2023.4
ISBN 978-7-313-28467-9

Ⅰ.①家… Ⅱ.①上… Ⅲ.①家庭教育—教育方法—研究—杭州 Ⅳ.①G780

中国国家版本馆 CIP 数据核字（2023）第 060173 号

家长执照：合力推进协同育人的有效范式
JIAZHANG ZHIZHAO: HELI TUIJIN XIETONG YUREN DE YOUXIAO FANSHI

编　　著：“上城教育高质量发展系列丛书”编委会
出版发行：上海交通大学出版社　　地　　址：上海市番禺路 951 号
邮政编码：200030　　电　　话：021-64071208
印　　刷：杭州捷派印务有限公司　　经　　销：全国新华书店
开　　本：710mm×1000mm　1/16　　印　　张：15.75
字　　数：261 千字
版　　次：2023 年 4 月第 1 版　　印　　次：2023 年 4 月第 1 次印刷
书　　号：ISBN 978-7-313-28467-9
定　　价：78.00 元

“上城教育高质量发展系列丛书”编委会

本册编委会

主　编

赵　坤

副主编

陈继明　潘国伟

成　员

项洁月　戚亦平　庞科军　张立栋　缪华良　郑君辉
石红艳　谢莲君　郦　云　李　萍　周化胜　牛　娟
徐跃峰　虞　勇　张西琴　金大鹏

总　序

⊙

2022年10月，中国共产党第二十次全国代表大会胜利召开。党的二十大报告指出：从现在起，中国共产党的中心任务就是团结带领全国各族人民全面建成社会主义现代化强国、实现第二个百年奋斗目标，以中国式现代化全面推进中华民族伟大复兴。高质量发展是全面建设社会主义现代化国家的首要任务，而教育又是全面建设社会主义现代化国家的基础性、战略性支撑之一。

建设高质量教育体系，要以改革教育教学为动力。教育工作者要转变教育观念，遵循青少年儿童发展规律，践行“顺性教育”理念；要改革培养人才模式，改善教育方式方法，改进教育评价制度，落实“双减”要求，推进素质教育；要科学地运用信息技术，促进教育数字化，把现代技术与优秀教育传统相结合，促进教育现代化。

杭州市上城区作为长三角主要城市的中心城区，历史悠久，底蕴深厚，在探索教育高质量发展的实践方面起步较早，形成了很多具有区域特色的发展经验。这些年来，我多次到过上城，访问参观多所学校，与上城的教育行政干部和学校教师有所接触，并目睹了上城教育发生的变化，我认为以下几个方面值得关注：

一是以创新发展推动教育改革。“惟改革者进，惟创新者强。”一直以来，上城都肩负着为教育改革探路先行的历史使命，在理念、机制、服务创新方面作出了有益的尝试。在数字化时代的背景下，上城全面推进教育领域的数字化改革，构建了数字化、空间化、智能化、一体化的数智治理格局。此外，上城重视家庭教育，在全国首创“星级家长执照”，开创家长“持证上岗”的先河，为家校协同育人探索了新的路径。

二是以协调发展促进优质均衡。教育高质量是实现全学段、全领域、全系统的优质均衡，是在政府、学校、社会等主体之间建立良性互动。上城加大统筹力度，开发上线“淘活动”平台，有效整合各类校内外活动资源，打造“九养上城”课程体系，让城市居民乐享终身学习，让各级各类教育的价值与功能实现最大化和最优化。

三是以绿色发展提升育人品质。教育的高质量是在“质”与“量”方面都达到高水准，关注的是人的可持续发展。上城坚持以学生为本，尊重学生的身心发展规律。一方面，深入推进面向学生、教师、学校的教育评价改革，树立科学的教育质量观和人才培养观。另一方面，将课堂作为立德树人的主渠道，启动“思维课堂”研究，实现课堂从“知识立意”“能力立意”到“素养立意”，以思维发展促进学生核心素养落地。

四是以开放发展实现要素整合。高质量的教育体系是开放的，包括系统内部各类资源的开放，也包括系统外部各种要素的开放。上城坚持开放的教育理念，着力打破校园围墙与学科壁垒，探索建设区域学习中心，以“走班—走校—走社会”的新型学习机制，促进学生个性化发展。坚持以德化人，打造特色德育品牌“行走德育”，让学生走出校园、走入社会，以“行走”的方式践行社会主义核心价值观。

五是以共享发展助力教育公平。共同富裕是新时代的命题，教育均衡发展是共同富裕的基础，也是共同富裕的重要体现。上城在共同富裕的背景下，创新名校集群的发展范式，打造教育“新共同体”十大模式，强化师资队伍建设，以“五阶段、五梯队、多维度”的“教育人才多维生长台”助力教师专业发展，促进优质教育资源为群众所共享，以教育公平促进社会公平正义。

上城教育的发展，充分体现其对教育高质量发展的解读、思考与实践，展现了上城胸怀“国之大者”的视野与格局。上城教育编写出版的“上城教育高质量发展系列丛书”，全面梳理并总结了其教育改革发展的成果，涵盖名校集群建设、教育数字化改革、课堂教学改革、教育评价改革、教师培养、学校德育、家庭教育等方方面面，内容丰富、站位高远、系统性强，既有科学的教育理论，又有典型的经验案例，体现了理论与实践的统一、科学与趣味的统一。

“上城教育高质量发展系列丛书”汇集了上城教育育人实践的精华，凝聚了很多有价值的发展经验，为各地的教育改革发展提供了参考和借鉴的对象，有助于建设高质量的教育体系。相信更多的教育人能够从书中得到启迪，进一步锐意改革、积极创新，有力推动教育高质量发展。祝贺本套丛书的出版问世！

是为序。

顾明远

北京师范大学资深教授

中国教育学会名誉会长

2022 年 11 月 28 日

序

⊙

重视家庭教育，注重家校联系，既是中国的优良传统，也是社会发展的现实需要。习近平总书记高度重视家教家风建设，多次发表重要讲话、作出重要指示。总书记强调，“家庭是人生的第一个课堂，父母是孩子的第一任老师”“广大家庭都要重言传、重身教，教知识、育品德，身体力行、耳濡目染，帮助孩子扣好人生的第一粒扣子，迈好人生的第一个台阶”。党的二十大报告特别强调要“加强家庭家教家风建设”。2022 年 1 月 1 日起正式施行的《中华人民共和国家庭教育促进法》更是明确规定，“未成年人的父母或者其他监护人负责实施家庭教育。国家和社会为家庭教育提供指导、支持和服务”“各级人民政府指导家庭教育工作，建立健全家庭学校社会协同育人机制”。

如何汇聚全社会力量推进当代中国家庭大力培育和践行社会主义核心价值观，依托家庭的特殊作用实现教化功能的创新与发展，进而推动爱国爱家、相亲相爱、向上向善的社会主义家庭文明新风尚的形成，这是摆在全社会面前的一个重要命题。

杭州市上城区一直有着“敢为天下先”的教育教学改革创新意识，2002年起就关注家长终身学习的问题，通过建立“家长学校”、设立“有效衔接工程”等，实施区域性的家庭教育指导与服务。2017年开始实施的“星级家长执照”工程，更是全国首创，通过全域全力、共建共推家长数字化一站式学习成长空间系统，有效地打破了传统家庭教育指导与服务的诸多局限，突破了人力、物力、信息等众多资源方面的瓶颈，为全社会协同实施家庭教育指导与服务提供了全新典范。

“星级家长执照”一经推出就广受关注、深受好评，而其自身也在推进中不断修正与完善。本书生动展现了“星级家长执照”的发展历程，也凝聚了“星级家长执照”实践成果的阶段性成果。

承蒙上城区教育局盛情相邀为本书作序，我有幸先睹为快。全书通过八章共计二十节有序展开，从理念、架构、机制、平台、途径、活动、成效、展望等方面对上城区委区政府领衔实施的“星级家长执照”工程进行了全面而详尽的阐释，立体式呈现了“星级家长执照”的全程与全貌。作为家校政社合力推进协同共育的数字化解决方案与实践范式，其丰富翔实的案例与有效创新的探索，值得借鉴与推广。

如何凝聚更多的支持力量以帮助广大家长与家庭在传承优良家风中筑牢责任意识和担当精神、砥砺道德追求和理想抱负，如何在开展家庭教育时遵循先进理念、尊重成长规律、注重科学性与艺术性的有机融合，上城区“星级家长执照”的创新实践给了我们很大的启发。相信这一创新举措会不断完善，也会融入越来越多的支持力量，更好地实现协同育人的目标。

袁振国

华东师范大学终身教授、教育学部主任

上海智能教育研究院院长

2022年12月

目 录

CONTENTS

第一章
幸福每一个家庭

国家的“十四五”规划明确提出“健全学校家庭社会协同育人机制”，以此来破解学生成长中学校、家庭、社会三者不协同导致的育人低效或者无效的困境，避免出现“1+1+1 ＜ 3”或是“5+2=0”的情况。家校社协同育人能够提高教育质量与效果，实现教育的无缝对接，进一步发挥教育的育人作用，从而为全民教育和终身教育服务。有学者指出，家校社协同育人必将成为未来教育的主流，而家校社协同育人的关键要素是家长的学习力，家长是学校、社会与家庭之间连接孩子成长的纽带。鉴于此，杭州市上城区一直提倡并实践“成就每一个孩子，幸福每一个家庭”。

第一节
协同育人：从家事到国事

⊙

2018 年 9 月，习近平总书记在全国教育大会上明确指出："办好教育事业，家庭、学校、政府、社会都有责任。"家庭作为孩子成长的首要阵地，一直都很受重视。习近平总书记的话显然是指，新时代社会经济快速发展，对高质量教育的需求不断上升，家庭教育需要与时俱进，契合当代未成年人的成长特征。中国青年报社会调查中心对 1149 名未成年人的家长进行的一项调查显示，80.7% 的受访家长平时在家庭教育上困惑很多，尤其是在"教什么""怎么教"这两个问题上。这一方面显示出当代未成年人的生活和学习环境较之以往已经有了很大改变，原来行之有效的一些方法，现在匹配不上了；另一方面则是提醒家长需要不断地学习，从而解决在家庭教育中遇到的问题。

20 世纪 60 年代，约翰斯 · 霍普金斯大学社会学教授詹姆斯 · 科尔曼收集了全国 4000 所学校 60 万名学生的数据，然后对调研材料进行了为期三个月的分析，完成了美国教育领域当时规模最大的调研。科尔曼教授向美国国会递交了名为《教育机会均等》的报告，即众所周知的《科尔曼报告》，它被认为是20世纪社会问题研究最重要的报告之一。这个报告针对不同种族、不同学校、不同社会经济背景下的学生会受何影响提出了重要的结论，其中一个结论是无论家庭背景如何，家庭教育对孩子的学业成就都起着至关重要的作用。

家庭教育的概念有广义和狭义之分。广义的家庭教育是指家庭成员之间的相互教育；狭义的家庭教育是指针对家庭中未成年人的健康成长，父母或者其他监护人对未成年人实施的道德品质、身体素质、生活技能、文化修养、行为习惯等方面的培育、引导和影响。本书中所说的家庭教育或者家庭教育指导，既有狭义的家庭教育概念，也有广义的家庭教育概念，不影响理解，故不一一说明。

《中华人民共和国家庭教育促进法》于2022年1月1日正式施行，家庭教育的作用得到进一步提升。该法律颁布以后，各类家庭教育的平台、机构、论坛如雨后春笋般发展起来，有了更多的路径实现学校教育和家庭教育相互配合、协同育人，促进学生的成长。

《中华人民共和国家庭教育促进法》之所以将“家事”上升为“国事”，是因为发现了现行家庭教育中存在的问题，从而对家庭教育相关事项立法，建立一套系统化的工作机制进行推动，各级人民政府、教育行政部门、妇女联合会（后简称“妇联”）、精神文明建设指导委员会办公室（后简称“文明办”）、公安局、民政局、司法局等都在各自职责范围内做好家庭教育工作。

立法很好地实现了家庭教育由以家规、家训、家书为载体的传统模式，向以法治为引领和驱动、以社会主义核心价值观为主要内容、以立德树人为根本任务的新模式迭代升级，将家庭教育由以前的传统“家事”上升为新时代的重要“国事”。这是国家在综合各种因素、吸收各国在家庭教育中的实践经验、立足于中华传统优秀文化的基础上，对推进家庭教育做出的具有划时代意义的举措。此举必将极大地推进家庭教育的发展、推进家校社协同育人，从而在家校维度为落实立德树人的根本任务奠定基础，有利于培养有理想、有本领、有担当的一代新人。

一、家庭教育的文化溯源及演进

中国教育源远流长，中华民族向来注重家庭教育，形成了许多优良的家庭育人传统。古有“教，上所施下所效也；育，养子使作善也”之释义，亦有“养不教，父之过；教不严，师之惰”之传承，更不要说人们耳熟能详的四大贤母的故事——“孟母三迁”“陶母拒鲊”“欧母画荻”“岳母刺字”。也就是说，古人很早就注重学校、家庭、社会共育后代的责任关系，育人也聚焦在“成人”和“成才”这两个维度，后续还演化为“家是最小国，国是最大家”，从而形成家国情怀这一中华民族特有的文化现象，成为维系中华文明绵延不绝的核心价值理念之一。

叶立群主编的《家庭教育学》总结了我国古代家庭教育的主要内容，即“勉子立德”“诫子自立”“教子孝亲”“训子以俭”。这四个方面是对家庭培养孩子有良知、能自立、懂孝道、有担当的高度概括，作为家庭世代相传的价值观念和行为准则，是每一个中国人的精神启蒙，是道德品质的世代积累，是家庭文化的代际沉淀。叶立群指出，家长在道德教育中要遵守爱教相融、严慈相济的规律，并遵循以身作则的原则；此外他还强调环境对孩子的熏陶作用。

中国古代家庭教育代表作《颜氏家训》系统地论述了家庭教育的作用、内容、方法和原则，是我国第一部家庭教育专著。《颜氏家训》继承了传统儒家家庭教育学说的精髓，并结合颜之推自己的社会生活、家庭生活及家庭教育实践经验，系统地阐述了丰富的家庭教育思想，形成了比较完整的家庭教育理论体系，是我国古代家庭教育理论宝库中的一份珍贵遗产。书中根据儿童、青少年心智发展特点以及道德养成规律，提出了立德为上、家教宜早、一视同仁、严慈相济、以身作则、重视教育环境等家庭教育思想，即便在今天仍能给世人以有益的借鉴和积极的启示。这些家庭教育的基本原则，适用于现在的每一个家庭。

我国近代教育史上第一部关于家庭教育的专著《家庭教育》由朱庆澜先生执笔。书中系统地阐述了他关于家庭教育的原则、作用以及方法等的观点，肯定了家庭教育在个人成长中的重要作用。在谈到家庭教育的方法时，书中强调父母应该重视孩子的品德教育，给孩子“做个样子”，注意“家庭气氛的教育”；教育应遵循孩子的成长规律，不要体罚孩子，要善于劝导孩子；等等。

近代教育史上另一位著名的教育家陈鹤琴，在家庭教育理论研究和实践上取得了卓越的成绩。他的家庭教育专著《家庭教育——怎样教小孩》是当时国内影响最大、流行最广的家庭教育方面的书籍。陈鹤琴认为，家庭教育在一个人的人生历程中起着奠基性的作用，对一个国家的兴旺发达也具有重要的意义。陈鹤琴主张家庭教育要民主化，父母要平等对待孩子，尊重孩子的人格。他特别强调“做父亲的应当同小孩作伴”，认为这是家庭教育民主化的表现之一。他认为父子作伴游戏的好处很多，既可以沟通父子间的情感，享天伦之乐，又可以利用作伴机会教育孩子，还可以及时发现孩子有偏差的行为和思想并加以纠正。他批评家庭教育中溺爱和专制式的严厉管教这两种普遍存在的错误态度和做法。同时，他认为“做父母的对于子女的教育应有一致的措施”，这是陈鹤琴的家庭教育理论的重要观点。父母施教的方法不一致，宽严不同，孩子就无所适从，甚至会产生投机取巧、轻视父母等流弊。陈鹤琴在书中说道：“做父母的教养子女第一条原则，就是要尊重‘以身作则’这条原则。”陈鹤琴认为：“小孩子生来是无知无识的，不知什么是好，什么是坏。他的一举一动可说一方面受遗传的影响，一方面受环境的约束、受教育的支配。小的时候，环境中最重要的因素是父母，教养中最重要的因素，恐怕也是父母。”他认为做父母的应该有一项专门的技能、一种专门的知识。

中华人民共和国成立以来，特别是改革开放以来，传承弘扬中华优秀传统文化，践行社会主义核心价值观，学校、家庭、社会的相互配合显得格外重要。邓小平同志曾说：“国家现代化的基础在人才，人才的基础在教育，教育的基础在家庭。中国是一个重视家庭教育的国家。中国深厚的教育文化传统中包含了优秀的家庭教育成分。”家庭教育、学校教育、社会教育是教育的三大支柱，三者缺一不可。在社会经济发展从全面小康走向现代化发展的过程中，教育日渐成为每个家庭的关注点，家庭教育已经成为当今社会关注的一个热点，是关系到千万家庭的切身利益和迫切需求的。例如：很长一段时间，我国城镇实行“一对夫妇生育一个孩子”的政策，社会家庭结构出现了明显变化，加上中国人传统的“望子成龙，望女成凤”的社会心理普遍存在，导致出现诸如“小皇帝”“小太阳”“一家六个人围着一个人转”的现象。关于独生子女的研究在一段时间内成为热点，大量的研究成果陆续出版，有力地影响了家庭教育的发展。

上海市教育科学研究院家庭教育研究与指导中心主任李洪曾对儿童家庭教育指导进行了系统研究，提出了“4421”理论框架，即“四类对象、四个过程、两种环境和社会大背景四类要素构成一个整体——儿童、儿童的家长、直接指导儿童及其家长的指导者和组织指导者对儿童及其家长进行指导的组织管理者四类对象；儿童的发展、儿童的家庭教育、儿童家庭教育的指导和儿童家庭教育指导工作的组织管理四个过程；影响儿童家庭教育指导的物质条件和心理氛围两种环境；社会的政治、经济、文化、科技、教育等宏观环境因素作为社会大背景对上述四类对象、四个过程和两种环境都会产生的制约作用”。

天津师范大学的杨宝忠教授针对家庭教育工作提出了自己的一些疑问和看法，使家庭教育指导基本理论的研究更加深入。杨宝忠指出，家庭教育指导属于成人教育，是一种自愿性活动，且家庭教育指导又是当前迫切的一个任务。那么，这种家长自我教育的过程如何实现自愿性与强制性的有机统一呢？针对家庭教育指导的任务，杨宝忠指出，家庭教育指导并不单纯包括普及家庭教育知识、更新家庭教育观念、优化家庭教育环境，家庭教育问题的解决是其应有之义。实践证明，家庭教育问题更多带有个性特色，需要针对个案进行判断和解决。对此，杨宝忠提出了“家庭教育诊断”的概念，用于对家庭教育现实状态进行判断，这对家庭教育指导的实践工作有很大的启发意义，同时也有助于相关理论的研究者进一步拓展思路。

二、协同育人是立德树人的重要途径

“国势之强由于人，人材之成出于学。”党的十八大以来，以习近平同志为核心的党中央立足社会主义现代化建设全局，全面加强党对教育工作的领导，重视完善立德树人体制机制。习近平总书记在2018年全国教育大会上明确要求：培养德智体美劳全面发展的社会主义建设者和接班人，努力构建德智体美劳全面培养的教育体系，从而对新时代我国教育的培养目标、途径作出新的定位，体现了马克思主义中国化的理论创新在教育方针领域的最新成果。

党的十九届五中全会审议通过的《中共中央关于制定国民经济和社会发展第十四个五年规划和二〇三五年远景目标的建议》中提出“健全学校家庭社会协同育人机制”，其主要目的就是从实现人民对美好生活的向往与事关党和国家前途命运的大局出发，在“培养什么人、怎样培养人、为谁培养人”这一根本问题上凝聚更大共识，在完善立德树人体制机制上探索更好方式，在学校、家庭、社区和社会各方面凝聚更大合力，为把一代代青少年培养成为实现中华民族伟大复兴中国梦的“梦之队”，共同营造健康成长环境和良好文明风尚。协同育人的机制，一方面是要发挥好家庭、学校、社会各自在教育孩子成长中的作用，另一方面是要家庭、学校、社会建立良性的结构，形成认知、情感、价值等多方面的融合。

众所周知，家庭是孩子成长的摇篮，是孩子人生中的第一个课堂，也是其终身的课堂；父母则是孩子的启蒙教师，也是终其一生都对其产生影响的老师。尤其是在孩子社会化的过程中，孩子最初的社会关系和道德关系是发生在家庭成员之间的，最初接触到的社会规范就是家庭行为规范。家庭是一个特殊的社会组织，促使孩子形成初步的道德观——是与非、善与恶、美与丑等，为社会化奠定基础。家庭教育是指在家庭环境中，由父母对子女或年长者对年幼者施加有意识的教育或无意识的影响，一般更多的是充分利用教育者的榜样示范作用，潜移默化地对受教育者实施一定的道德规范、思想意识、政治观念等方面的教育，这与以知识教育为主的学校教育有比较大的区别。家庭教育作为家庭的重要职责之一，既是教育工作的起点，也是学校教育和社会教育的连接点。不管是谁，都需要将学校教育和社会教育在家庭中进一步地澄清或者细化，然后自身才能更进一步地社会化。所以说，家庭教育是教育的重要组成部分，它有着学校教育和社会教育不可替代的优势和特点。

教育本身具有整体性。家庭教育和学校教育、社会教育是三位一体的教育，但它们之间的界限并不是很清晰。因此，在重视家庭教育的同时，也需要高度重视学校教育和社会教育，并根据孩子的身心发展阶段，建立不同的家校社结构：在孩子幼年时期，家庭教育的比重要大一些；在孩子青少年时期，学校教育和社会教育的比重要增大一些。

特别需要指出的是，学校要充分发挥教书育人的主阵地作用，坚持“五育”并举，使学生的学习更好地回归校园，让教师应教尽教，让学生学足学好。当前，聚焦落实党中央提出的“双减”任务，学校更加要重视提高课堂教学质量，提高作业管理水平，提高课后服务水平，学校认知维度的学习完成得好，就不会出现“家长教师化”倾向，让家庭成为“第二课堂”。

社会也要发挥学生成长实践大课堂的作用，统筹利用各类社会资源，特别是红色教育资源、审美教育资源、劳动教育资源，为强化实践育人创造有利条件，更好地引导学生听党话、跟党走，更好地培养学生的社会责任感、创新精神和实践能力。要营造良好的社会育人环境，在这样的环境中成长的孩子能潜移默化地受到浸润。孩子的认知、情感取向一致，才是真正地实现了协同育人。

教育本身是一个整体，其中家庭教育是基础，是在家庭生活中完成的；学校教育是关键，可以引导家庭教育，并为社会教育奠定基础；社会教育是延伸，深刻影响家庭教育和学校教育的方向、内容及效果。“家校社”正好体现了这三种教育形式的内在逻辑关系。

家庭、学校和社会是不同范畴的概念，但当这三者同处于教育系统之中时，它们便形成了同一层级的概念，即家庭教育、学校教育和社会教育。从协同理论来看，此时的家庭、学校和社会以相同的教育原理为支撑，成为一个协同系统，相互影响又相互合作，产生协同效应。

第二节
家长执照：从合法到合格

⦿

在孩子的成长过程中，家庭教育、学校教育和社会教育的参与缺一不可。家庭作为孩子的第一课堂，其重要性更为明显。家庭教育伴随人的一生，影响人的一生，对一个人的成长成才至关重要。教育家蔡元培先生说："家庭者，人生最初之学校也。"他清醒地认识到家庭教育对于每个人、每个家庭乃至整个社会都有着十分重要的意义，每一位家长都可以成为最好的老师。关于家庭教育的重要性，苏霍姆林斯基曾提出一个著名的论断："最完备的社会教育就是学校—家庭教育。"随着家长素质的提高和社会的发展，家长在孩子成长的物质和精神方面的投入日益增长，家长对科学育人、高质量育人有了更高的追求，从而使家庭教育也逐步走向家长专业化发展，并在家庭教育的目标、内容和方法上有了更为迫切的需求。

"什么样的孩子是好孩子？""什么样的家长是好家长？""什么样的家庭教育是好的家庭教育？"这是家庭教育中最核心的三个问题，家长在面对家庭教育的诸多问题时，把这三个问题梳理清楚了，关于家庭教育的困惑也就迎刃而解了。在数十年的实践中，上城教育对这三个问题作出了自己的时代回答，形成了具有显著辨识度的“上城范式”，在省内甚至国内都有一定的美誉度。

一、上城家庭教育发展 20 年：幸福每一个家庭

上城区历史悠久，自古就是杭州的核心部位，曾是自隋唐至民国时期州治所在地，尤其是南宋在凤凰山东麓建皇城、筑宫殿，定都杭州，历时 140 余年。杭州是中国历史文化古都，上城区则汇聚了其中的精华，自古至今皆是杭州“珍异所聚”“商贾并辏”的繁华之地，是杭州社会经济活动的中心。区域内名胜古迹星罗棋布，现有国家级文物保护单位 9 处，诸如胡庆余堂、闸口白塔、凤凰寺、梵天寺经幢、宝成寺麻曷葛剌造像、南宋皇城遗址等，是体现杭州历史文化底蕴深厚的主要区域。

上城区的文化教育事业一直处于省市前列。上城区自 2002 年开始探索家长学习的服务体系，主要经历四个研究阶段：

1. 关注规范的萌芽阶段（2002—2004 年）

作为全省城市化程度最高的城区之一，上城区很早就开始关注家长终身学习的问题，依托学校建立“家长学校”，充分利用学校教师在教育学、心理学等方面的优势，对家长进行育人理念、操作要义等方面的指导。同时，在区域层面，设立专家咨询团，针对家长在孩子幼儿园、小学、初中等阶段在学校选择、课外辅导等方面的迫切问题，譬如针对“孩子上小学，家长该做哪些准备”，设立“有效衔接工程”项目，探索家长学习的规范性，比较简便实用，社区学院聘请的专家能提供不少好方法，为家长们解惑释疑。

2. 启动选择的突破阶段（2004—2015 年）

上城区成功构筑区域联动的终身学习支持系统，发放全国第一批“终身教育券”，探索家长学习的公平性。2004 年，全国第一批“终身教育券”在杭州

市上城区开始发放。教育券原本用于助力困难家庭学生免费入学，后受益人群扩大，所有城市居民可以凭券享受免费的社区教育。每个家庭可领到四张教育券，教学课程包括名师谈中考、培养孩子良好的心理素质与个性品质、如何当好一年级学生的爸爸妈妈、育儿成功经验谈等专题讲座及教育咨询。每年共计发放价值 62.8 万元的教育券，实施六大工程，如湖滨街道岳王路社区、小营街道小营社区 0—3 岁婴幼儿的家长及看护人成为“共同成长工程”的首期培训学员，除了学习儿童生理心理成长、急救常识和食物喂养等课程之外，培训班的学员还需要参与亲子游戏。同时，为满足个性化选择的需求，上城区 2007 年开始“父母茶座”的尝试，2009 年则设立“学生成长热线”提供全天 24 小时的专业咨询服务。

3. 数字赋能的发展阶段（2015—2016 年）

上城区充分借助“数字赋能”完善家长学习，实现线上、线下结合，发布“e 学网”“微学通”，探索家长学习的新路径。“e 学网”是作为全国数字化学习先行区的上城区全新打造的一个区域性数字化学习平台，该阶段拥有 10 个学习场馆、36 大类共计 300 多门社区教育课程资源，“e 学网”覆盖从儿童到老年各个年龄段的学习人群，提供早期教育、青少年教育、职业培训、继续教育、老年教育等学习内容，能满足各类人群的学习需求。凡上城区居民均可免费领取一张“电子终身教育券”，凭该券登录“e 学网”，可免费学习任何课程。如果碰到困难，可以进入“e 学网”上的答疑平台与专家进行线上“零距离”沟通，也可以到上城区学生成长支持中心与专家进行线下面对面交流。

4. 系统建构的成熟阶段（2016—2020 年）

制定星级标准，实施星级激励。上城区作为全国第一个实施“星级家长执照”的城区，努力探索系统解决家长学习机制性问题的途径，以培养“明责任、乐学习、会倾听、常陪伴”的家长为目标，建立“政府全力主导、教育部门统筹推进、相关单位全面配合、专业机构全程引领、社会力量大力支持”的联动体系，通过丰富的场景化实施，创立了家长专业成长服务的“一体式交互平台”。“星级家长执照”的施行，使上城区成为全国首创的区域实践“家长学习”机制的城区，其实践措施被国内多个城市借鉴。

二、“持证上岗”是高质量教育的必由之路

父母和教师一样，承担的是育人这一专业且复杂的工作，但在生活实际中，父母是自然或者凭借经验对孩子进行教育的，容易造成教育和孩子的成长不匹配，甚至处理不好亲子关系导致不良事件发生……这些都在告诉我们，父母虽然是社会角色，但同时需要具备一定的专业性；父母具备专业性，才能化解家庭中普遍存在的“焦虑”，改进家庭教育方法。新修订的《中华人民共和国未成年人保护法》也明确规定：“未成年人的父母或者其他监护人应当学习家庭教育知识，接受家庭教育指导，创造良好、和睦、文明的家庭环境。”

父母的专业成长，是成人的隐性能力成长，不同于一般的职业性考级或者考证，“星级家长执照”只是以“执照”这一比较通俗易懂的词汇，让家长明白，家长也是一种“职业”，具有专业性。“持证上岗”是一种形象的说法，“星级家长执照”并不像其他“证书”那样具有强制性，而是通过广泛宣传形成社会氛围、持续激励形成学习机制。“持证上岗”的基本运行机制包括以下几个方面：

1.“持证上岗”是一种激励性机制

上城区在面向全区广大师生的一次专项调研中发现，全区 70% 以上的家长对孩子的教育充满困惑，主要体现在缺时间、缺方法、缺能力；同时，家长容易出现教育素养堪忧、教育观念存在误区、教育科学知识不足等问题，如近 70% 的家长认为知识教育最重要，而只有 15% 左右的家长认为品德教育最重要。“星级家长执照”根据教育规律及时引导家长的认知和行为。值得说明的是，这种引导不是以通知的形式下发的，而是整合在一套系统的激励性机制中

的，旨在激发家长的集体荣誉感。一个人的行为，是内在个体需要和外在环境因素相互作用的结果。群体公约动力表明，相比一般性的宣传说服，群体的公约规则更能改变群体成员的行为。家长通过自主学习提升自己的星级，在提升星级的过程中，其育人水平也得到了进步。星级提升后，家长能够选择更多的线上、线下课程，和更多的团队交流，从而进入“学习—激励—学习”的良性循环中，让每一位家长都成长为优秀的“家庭指导师”。

2.“持证上岗”是一种协同性机制

遇到教育问题，家长往往寄希望于通过熟人、网络或书籍得到帮助和指导，但资源浩繁、杂乱，家长亟需具有专业性、科学性、公信力的家庭教育平台的助力。现实中，家庭教育的有关工作由妇联、教育局、民政局、卫健局、公安局、街道办事处、社区居委会等部门分工协作完成，各部门依据自身的部门特点和运行网络助力家庭教育，能取得一定的效果，但由于各施其政、资源分散又重复，无法形成宏观层面的家长教育格局，更无法形成聚焦于“家长需求”的教育合力。“星级家长执照”就是在区域层面为所有相关部门建立起日常的协同性机制，从而使育人更加系统性、课程更加结构化，课程内容由区内、市内、省内乃至国内著名医疗专家、社会组织成员、特级教师、名师名校长倾力打造，能从不同方面满足家长的需求。

3.“持证上岗”是一种差异性机制

《中华人民共和国家庭教育促进法》规定了家庭教育要对孩子进行道德品质的教育、身体素质的教育、生活技能的教育、文化修养的教育、行为习惯养成的教育。当然，一千个家庭有一千种不同的家庭教育方法。家庭的结构类型、家庭的经济状况、家长的学历及文化素养等多种因素综合起来，形成每个家庭的特质，直接影响家庭教育的观念和方式，因而每个家庭的育人模式具有相对的独特性，呈现出明显的差异性。“星级家长执照”工程结合后台数据分析，制定全面、系统的家长课程框架图，扩大 0—15 岁孩子的家长的家庭教育知识覆盖面。根据家长在平台的学习记录与轨迹，如点播内容、测试结果等，针对性地进行数据分析，为家长“私人定制”个性化诊断建议。

三、“星级家长执照”的理论基础及其启示

“星级家长执照”是上城区在家庭教育数字赋能发展阶段的实践探索，它需要遵循数字平台运作的基本规律，更需要相关核心教育理论的指引与启示。

1. 协同论及其启示

协同论和耗散结构论、突变论并称为系统科学领域的“新三论”，自 20 世纪 70 年代诞生以来一直深刻影响着社会的各个方面。协同论的创立者是斯图加特大学教授、著名物理学家赫尔曼 · 哈肯，他于 1976 年系统地论述了协同理论，发表了《协同学导论》。

协同论认为，千差万别的系统虽然属性不同，但是在整个环境中存在着相互影响又相互合作的关系，如单位间的相互配合与协作、部门间关系的协调以及系统中的相互干扰和制约等。协同论指出，大量子系统组成的系统，在一定条件下，由于子系统相互作用和协作，能有效促进系统的发展，从而发挥整体大于部分的效应，避免“合成谬误”。

协同论对“星级家长执照”的启示如下：协作性公共管理改变了公共管理中不同部门相对碎片化的状态，协同论以解决跨边界问题为逻辑起点，以合作为理性基础，形成一种更具系统性、灵活性、协调性和整合性的模式，这对于跨部门协同治理具有重要启示，同时也符合国家深化机构改革和行政体制改革方面的价值导向。应用协同论，可以找出影响系统变化的控制因素、关键因素，找到系统发展的支点，发挥系统内子系统之间的协同作用，从而促进整体发展。

2. 生态系统理论及其启示

布朗芬布伦纳认为：个体生活的环境是不同层次、不同性质的环境相互交织在一起构成的一个既有中心又向四处扩散的网络。这个生活环境包含微观系统、中间系统、外层系统和宏观系统。

微观系统包括孩子自身的生理、心理特征以及父母、教师等与孩子接触最为密切的人员，在系统的最内层，构成孩子发展的小系统。这个小系统中的因子存在双向互动原则：孩子既会受到父母、教师的影响，也会影响父母、教师的行为。中间系统是两个或多个微观系统的联结。由孩子直接接触的环境之间的相互关系组成，邻里关系以及家庭与学校、社区的关系等就属于中间系统。中间系统的质量会影响孩子的行为，影响孩子的适应和发展。外层系统是由环境中那些正式组织和非正式组织要素组成的，是非即时性的环境，这些环境给予孩子的发展束缚或支持。在微观系统、中间系统和外层系统之外的是宏观系统，宏观系统由社会文化、行为规范和准则、法律等构成，也会对孩子产生间接的影响。如集体主义文化价值观会使父母更关注孩子的服从，影响他们的教养行为，进而影响孩子的发展。

生态系统理论对“星级家长执照”的启示如下：思考家庭教育时需要有系统化的思维，例如，从微观系统的角度看，孩子和父母之间是互相作用的，随着时间变化孩子和父母对对方的影响会产生变化，因此亲子关系是最为直接的微观系统，与父母相伴是孩子日常最为重要的关系；而从中间系统的角度看，家庭中所有的人都会对孩子产生重要的影响，这和马卡连柯的家庭集体主义理念不谋而合；外层系统主要是指父母的工作、参与的社会活动等，这些影响往往是外部产生而非家庭自主产生的，重要的生活事件——兄弟姐妹出生、上学、父母离婚、搬入新的环境以及换老师或转学等，都将改变孩子和环境的关系，产生影响孩子发展的新环境。它们表面上和孩子的成长没有关系，其实无时无刻不在影响孩子。生态系统理论在外层系统层面的阐述，符合现在我们提倡的父母是孩子的榜样、父母对孩子最好的教育是自己努力学习等教育观念。

3. 交叠影响域理论及其启示

约翰斯·霍普金斯大学的乔伊斯·爱普斯坦在深入研究了美国中小学与家庭、社区的关系后，提出必须要在学校、家庭与社区之间发展一种新型的伙伴关系，因为只有这样的关系才能够改善学校的教育实践和教育气氛，增强父母培育孩子的技能和领导能力，密切父母与学校及社区中其他人的关系，帮助教师更好地开展工作。乔伊斯·爱普斯坦指出，建立伙伴关系的核心理由在于它有助于孩子在学校和未来的生活中取得成功。为此，乔伊斯·爱普斯坦等人提出了建立家庭与学校的伙伴关系的交叠影响域理论（见图 1-2-1），以此作为家庭和学校的伙伴关系的理论基础。交叠影响域理论认为“家庭、学校与社区这三个背景对孩子以及三者各自的状况、之间的关系发生了交互叠加的影响”，即学校、家庭和社区的活动单独或共同地影响着孩子的学习和发展。

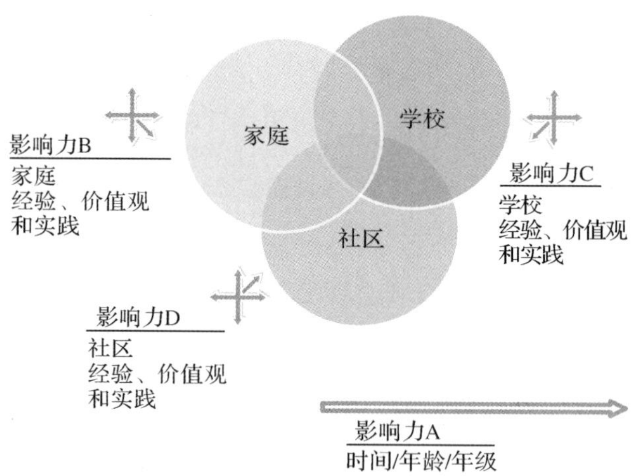

图 1-2-1　交叠影响域理论中家庭、学校、社区立体模型

交叠影响域理论对“星级家长执照”的启示如下：交叠影响域理论阐述的是一种结构化的立体模型，不同于将家庭、学校、社会作为不同类型的教育进行区分的理论，交叠影响域理论在保持三者界限的同时指出了三者之间的交叠，从而形成了结构更加复杂的关系。这有助于在认识家庭教育的同时思考学校、社会的协同教育，有助于建立家庭般的学校、学校般的家庭、学校般的社

会以及家庭般的社会等各种学习类型并展开思考和探索。家庭、学校和社会间的联系可能是学校主动邀请家长参与某种活动，也可能是家长之间的学习联盟，还可能是不同的老师和相关家长的交流。在这样的模式下，全社会都应注重其对孩子的教育责任或影响力，家庭、学校与其他社会组织对孩子的发展的影响相互交叠且不断累积，从而不断提升孩子的学习能力，引导孩子做有志气、有骨气且有底气的社会主义建设者和接班人。

4. 终身教育理论及其启示

查尔斯·赫梅尔曾说："可以与哥白尼提出的日心说带来的革命相媲美的终身教育理论及其发展，是教育史上最惊人的事件之一。"在 20 世纪欧美教育思潮中，终身教育被视作未来教育战略的一种教育理论。在终身教育思潮的发展过程中，保尔·朗格朗发表的《终身教育引论》系统论述了终身教育的理论，保罗·朗格朗也被誉为"终身教育之父"。为什么要进行终身教育呢？保罗·朗格朗认为，现代人要面对的挑战非常多，一个人凭借某种固定的知识和技能就能度过一生的观念也将成为过去，传统教育将不能满足人的一生发展的所有需要。因此，教育必须是终身教育。那么，如何实现终身教育呢？按照保罗·朗格朗的观点，终身教育可以从两个方面体现：一方面，通过组织适当的教育结构和教育方法，帮助人们在一生中不断学习；另一方面，通过多种形式的自我教育，在真正的意义上和充分的程度上促进人的自我发展。终身教育的任务是什么呢？保罗·朗格朗认为，终身教育的任务是使人学会学习，即养成学习的习惯和获得继续学习所需要的各种能力，更好地应对新的挑战。在教育方法上，保罗·朗格朗主张运用适当的手段去训练和引导每一个人，使其为在未来的学习型社会中生存和发展做好准备。

终身教育理论对"星级家长执照"的启示如下：建设"学习型社会"，造就一个任何人在任何地方、任何时间都可以学习的社会，从而为实现人人皆学、处处能学、时时可学提供学习机会和资源。2020 年 9 月 22 日，习近平总书记在教育文化卫生体育领域专家代表座谈会上的讲话中指出："要完善全民终身学习推进机制，构建方式更加灵活、资源更加丰富、学习更加便捷的终身学习体系。”在加快推进学习型社会建设面临的新形势、新要求下，要持续保持学习，做新时代的学习者。这是成人社会学习的基本保障，对于工作繁忙的家长来说更是如此，必须要考虑家长学习的即时性、便捷性，也就是可实现性。全民终身学习的基础是培养全民终身向学的兴趣和能力，树立以学习者为中心的思想，主张自主学习，重视激发学习者学习的兴趣和追求真知的动力，使每个人乐于学习，从而终身向学，养成自主学习、自我评价、自我激励的能力。对家长的教育，并非系统的基础性教育，而是问题导向的需求性教育，同时在时空上，也不太可能实现比较严密的过程性评价和结果性评价。毋庸置疑，终身教育理论的观点对“星级家长执照”的顺利开展具有宏观上的指导意义。

参考文献

[1] 李运林. 协同教育研究引领教育发展进入新时代[J]. 电化教育研究,2018,39(3):5-11.

[2] 坚持中国特色社会主义教育发展道路，培养德智体美劳全面发展的社会主义建设者和接班人[N]. 人民日报,2018.9.11.

[3][美] 詹姆斯·S. 科尔曼等. 科尔曼报告：教育机会公平[M]. 汪幼枫，译. 上海：华东师范大学出版社,2019.

[4] 傅璇琮. 三字经　学生读本[M]. 北京：人民教育出版社,2008.

[5] 叶立群. 家庭教育学[M]. 福州：福建教育出版社,2008.

[6] 朱庆澜. 白话讲演家庭教育[M]. 上海：商务印书馆,1916.

[7] 陈鹤琴. 家庭教育[M]. 上海：华东师范大学出版社,2006.

[8] 邓小平. 邓小平文选（1975—1982）[M]. 北京：人民出版社,1993.

[9] 李洪曾. 上海地区家庭教育研究与指导的五年回顾[J]. 上海教育科研,2002(12):28-32.

[10] 杨宝忠. 大教育视野中的家庭教育[M]. 北京：社会科学文献出版社,2003.

[11][苏] B.A. 苏霍姆林斯基. 帕夫雷什中学[M]. 赵玮等，译. 北京：教育科学出版社,1983.

[12][西德] H·哈肯. 协同学导论[M]. 张纪岳，郭治安，译. 西安：西北大学科研处,1981.

［13］薛烨，朱家雄等．生态学视野下的学前教育［M］．上海：华东师范大学出版社，2007.

［14］［法］保尔·朗格朗．终身教育引论［M］．周南照，陈树清，译．北京：中国对外翻译出版公司，1985.

［15］刘宝存．"终身学习"为学习型社会建设提供更多可能［N］．光明日报，2020.10.27.

第二章
价值定位与整体架构

立德树人、协同育人以规划和法条的样态呈现，体现了国家对家庭教育的根本任务和各方责任的擘画，也势必引领家庭教育回归“教子做人”的本位。其中，“家长”是核心，“赋能家长”是关键。“星级家长执照”契合协同育人需求，以家长数字化学习支持为突破，实现各方协同，使家庭教育、学校教育、社会教育交叠影响，达成立德树人的整体目标，促进学生全面发展。

第一节
价值定位：扣好第一粒扣子

⊙

2018年9月10日，习近平总书记在全国教育大会上讲话指出："家庭是人生的第一所学校，家长是孩子的第一任老师，要给孩子讲好'人生第一课'，帮助扣好人生第一粒扣子。教育、妇联等部门要统筹协调社会资源支持服务家庭教育。"给孩子讲好"人生第一课"、帮助孩子扣好"人生第一粒扣子"是家长的责任，前提是家长对讲好"人生第一课"、扣好"人生第一粒扣子"的重要性有深刻认识和透彻领悟。教育孩子是家长的天赋权利，但是家长并不是天生就有能力教育好孩子，他们需要通过学习来学会为人父母。在现代社会治理的理念下，国家和社会有义务为家长的学习和成长提供支持，借由他们实施正确的家庭教育，实现"为国育才"的目标。

"星级家长执照"是杭州市上城区为支持家长学习与专业成长提供的一套家庭教育指导服务方案。自诞生伊始，它就明晰了自己的价值定位：从育人大目标到立场小原点，这是逻辑起点定位；从育儿技能学习到家长专业成长，这是价值追寻定位；从一个个小家庭的家庭教育到整个区域内的家庭教育乃至教育生态的优化，这是终极目标定位。

一、育人立场的逻辑起点

作为家庭的主体，家长要承担家庭教育的主体责任；作为社会的公民，家长的整体素质影响着社会的发展、国家和民族的未来。

“每一位人大代表都要站稳政治立场，严格遵守政治纪律，做政治上的明白人。要增强政治观念、法治观念、群众观念，履行宪法法律赋予的职责，发挥来自人民、植根人民的特点，接地气、察民情、聚民智，努力做到民有所呼、我有所应。”这是习近平总书记在参加十二届全国人大五次会议辽宁代表团审议时发表重要讲话指出的。坚持人民主体地位，关注人民呼声，传递人民诉求，这不只是对人大代表的要求，也是所有工作的根本准则。社区教育关乎民生福祉，更关乎社会文明，理应格外重视人民立场。2014 年，上城区社区教育提出“民呼所学，我应所教”，业已成为上城区社区教育工作者的工作宗旨。

终身教育视角下，家庭教育指导就是要给家庭、家长提供实现终身学习的支持，让他们在科学理念的引领下、科学内容的指导下、良好氛围的熏陶下，自主学习、学以致用，修炼自我的同时提升育儿素养。“星级家长执照”的设计以这样的育人立场为逻辑起点支持家长学习。支持家长学习是用适合成人的方式教育家长，通过家长的学习成果来影响家庭、教育孩子，实现培养德智体美劳全面发展的社会主义建设者和接班人的终极目标。

1. 协同育人的主动作为

进入中国特色社会主义新时代以来，家校社协同育人日益成为社会焦点，近期更成为推动教育改革的重要突破口，本质直指构建教育体系新格局。上城区自 2010 年成为全国社区教育数字化学习先行区之时起，就非常重视协同育人。协同育人的起点是家庭、学校、社会各方达成树立大教育观的共识，即促进学生全面发展是各方共同的目标，育人过程中各方皆有义务履行相关职责。协同育人的关键在于各方通过高质量的沟通和互动，对学生产生交叠影响，进而达成不同场域的一致性教育效果。

上城区于 2004 年成立了社区教育委员会（后简称“社教委”），根据各成员单位的职能范围，明确各自职责（见图 2-1-1）。社教委成为区域协同育人机制中最重要的机构之一，是上城区协同育人的“总指挥部”。社区教育委员会办公室（后简称“社教办”）设在教育局，按照社教委的总体工作要求，协调全区社区家庭教育指导工作。各成员单位包括上城区各部委办局、各街道办事处，由行政正职总体负责社区家庭教育指导工作，并设一名工作联络员，开展具体工作。

2016 年起，社教委每年组织召开 1—2 次协同育人专题会议，旨在促进育人相关各方交流，促动深度互联，破解协同困境，为区域家庭教育推进中协同育人机制的建立和实施扫清障碍。

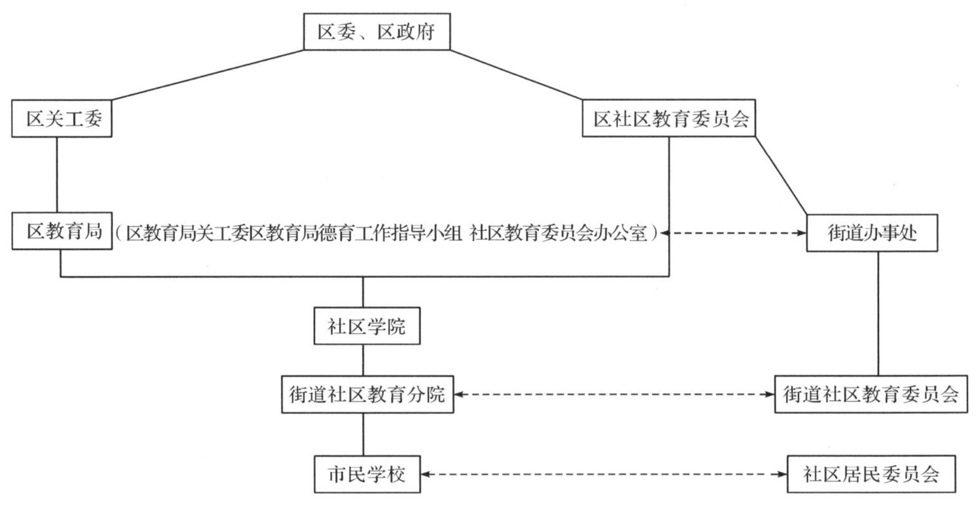

图 2-1-1　2022 年上城区社区教育委员会组织框架

2. 数智协同的多元治理理念

以往育人工作推进时，家庭、学校、社会各方目标不一致，导致学校教育变革与社会教育转型缺乏家庭支持的土壤，协同育人中普遍存在着一方或多方缺席的现象；家庭教育资源分散，低流动性突出。凡此种种，都指出建立一个数字化学习平台的必要性，能够聚集协同育人各方围绕同一育人目标主动且深入地参与育人，实现资源的便捷汇集，并在其高频的使用和更新中，支持家长学习，提高家庭教育指导的科学性，促进文明家庭建设。这就是数智协同的多元治理理念，“星级家长执照”平台就是在这一理念之下应运而生的。它是数智赋能家庭教育的区域尝试，也是协同育人的创新探索，旨在协同各方在平等协商的基础上进行学习资源共建、育人流程共治、学习成果共享，盘活各方资源，充分发挥各自特长，实现全流程、全方位、全领域的育人协同，优化区域教育的“碧水蓝天”生态。

3. 美好教育的服务内涵

《中华人民共和国家庭教育促进法》第四条规定：“未成年人的父母或者其他监护人负责实施家庭教育。国家和社会为家庭教育提供指导、支持和服务。”应党中央“人民对美好生活的向往，就是我们的奋斗目标”的号召，上城区教育局党委书记、局长项海刚于 2018 年就提出了“美好生活从美好教育开始”，并从美好学生、美好教师、美好家长、美好校园、美好课程、美好评价、美好治理、美好保障这八个维度，积极回应老百姓对美好教育的向往，“美好家长”被收录其中。

无论是国家法律条款的规定，还是区域美好教育内涵的要求，以家庭、家长为服务主体，主动协同学校、家庭、社会，打造有温度的教育共同体，都是“美好家长”培育与支持的课题。协同与育人相关的利益各方，创设学习平台，提供多样的学习机会，支持家长专业成长，是美好教育指导的核心要义。协同育人中的各方因其本身的优势、职能等，在协同过程中发挥的作用、参与的环节等都各有不同。实施美好教育，首先需要的就是明确设计者、策划者以及核心运作者。上城区社区学院基于成人教育的职能，基于多年积攒的专业底气，更基于社区教育工作的创新勇气，为培育“美好家长”、提升美好教育内涵贡献了自己的智慧。

二、家长成长的价值追寻

家庭教育是终身教育，其关键是家长要先接受教育。苏霍姆林斯基指出，“不首先进行自我教育的父母，就谈不上正确地教育孩子”。家长是成人，成人学习以自主成长为基本路径，成长是每个人毕生的课题，家长也不例外。家长成长是良好家庭教育开展的前提，是孩子健康成长的基础。

1. 终身学习，家长成长的密码

信息时代的发展方兴未艾，势不可挡，正可谓“未来已来，将至已至，唯变不变”！在这样一个时代，如何安身立命是每一个成年人需要面对的问题。“学习型社会的实质是以学习求发展”，倡导的是全民学习、终身学习、乐学好学、积极向上的社会风气。对家长个体而言，学习既是一种生存方法，又是一种自我教育。“终身学习的本质诉求是培养每个人从出生到死亡一生中不断学习的能力和习惯，开发人的学习潜力，激发人终身学习的热情和态度，以此适应现代化社会与未来社会千变万化的要求。”在现代社会发展过程中，家长作为家庭建设和社会发展中的重要角色，在发挥作用的同时面临着问题和矛盾，如家庭教育意识的树立、观念的更新、方法的学习、问题的处理、对子女发展的规划与引导等，都需要家长通过学习来提高家庭教育能力，提升育儿素养，以保证履行好“立德树人”的职责，让孩子能够在良好的家庭环境中健康、全面地成长。所以说，终身学习是家长成长的唯一密码。

2. 问题解决，家长成长的关键

问题解决备受国内外学者关注。美国教育心理学家加涅认为问题解决是结合与应用原有知识结构中的规则来理解新困境，并在这个理解的过程中形成新的知识结构。美国认知教育心理学家奥苏贝尔认为问题解决是一种有意义的发现学习的形式，但并不是一种完全自发的行为。

在此，我们将问题解决定位为学习方式和目标结果。“星级家长执照”通过结构化、针对性课程资源的组织和配置，引导家长以问题解决为指向；通过问题识别、信息整合、建构反思、迁移运用，达成问题解决，实现深度学习和持续学习。这有望破除家长自发学习中可能存在的零散、低效、不持续等弊端。

虽然家长是成人，但是家庭教育的不可逆性决定了家长必须主动对失误性教育进行严控，这更凸显了科学指导的重要性。“成功孕育着成功”在家长学习和家庭教育中的效用尤为明显。家长通过针对性课程的学习，改变育儿的理念和方法，在家庭教育中积累成功的经验，能强化其通过学习应对育儿关键问题的意识，还能激发其育儿的信心，不知不觉间提升育儿素养，这就是“星级家长执照”的追求。所以，学习资源的科学选择与配置至关重要，这是“星级家长执照”最核心的“武器”。

3. 突破“茧房”，家长成长的核心

哈佛大学的教授凯斯·桑斯坦在《信息乌托邦》中指出：“公众在信息传播中只关注自己选择的东西和使自己愉悦的通信领域，久而久之，会将自身桎梏于像蚕茧一般的‘茧房’之中。”有学者认为，“信息茧房”本质只是一种信息选择时的偏食行为。当互联网从“信息搜索时代”过渡到“猜你喜欢时代”，在大数据深度挖掘、聚合分析等技术的支持下，用户关注的信息不断被推送。年轻一代的家长日益习惯于“交友靠微信、购物上淘宝、心情晒微博、支付用手机、疑惑问知乎”。长此以往，家长会不知不觉地身陷各个软件为其量身定制的“信息茧房”中，乐此不疲。这首先局限了家长的视野，其次消耗了家长的时间，家长甚至可能被不科学的信息带偏育儿方向。家庭教育指导不得不警惕以上严重问题倾向的发生。

家长只有通过系统学习，建立起自己的知识系统，才能在面对实际生活问题时做出正确判断，靶向准确地实施育儿策略，追求理想效果；如果碰壁，也能进行自主反思与再学习，不断修正方法，重构知识体系，直至问题解决。

“星级家长执照”认为，要支持家长主动突破“信息茧房”，花更多的时间在系统化育儿课程的学习上，支持家长在实际教学中检验、修正、练习自己的

育儿技能，主动建构起适合自己家庭的教育生态，促进亲子顺畅交流、孩子完整发展。这是家长成长的核心。

三、教育生态的终极目标

中共中央办公厅、国务院办公厅印发的《关于进一步减轻义务教育阶段学生作业负担和校外培训负担的意见》在指导思想中明确提出，构建教育良好生态，有效缓解家长的焦虑情绪，促进学生全面发展、健康成长；要求全面压减作业总量和时长，全面规范校外培训行为，推进教育生态进一步优化。

根据生态教育学，教育生态包含教育主体及其周边环境，教育作为一个整体，是各主体与环境要素相互联系、相互作用的结果。生态教育的目的是促进教育健康发展，平衡、和谐是良好生态的基础。

引领家庭教育回归“教子做人”的本分，促使基础教育回归教育公平、回归育人本位，家庭、学校、社会协同共创儿童友好型教育是良好教育生态的体现，也是区域长远发展、国家民族兴盛的根基所在。

1. 保公平

杭州市上城区为长三角经济发达地区中心城区，多次当选中国百强工业县区。2021 年，全区实现地区生产总值（后称 GDP）2417.5 亿元，人均 GDP 达 18.18 万元，上榜中国公平教育百佳县市。

“星级家长执照”着眼于全体家长，是惠民工程。该工程坚持公益性，启动资金和维护基本费用由政府和教育主管部门全额拨付，参与各方（包含社会机构等）所提供的资源、投入的人力等均属公益性质，不收取任何资费。课程配置注重基础性，平台使用注意便捷性，认证方法门槛低、操作简单，最大限度将家长纳入用户群，保证家长学习的起步公平，实现资源共享。

2. 可选择

上城区因经济发展和人口组成的特殊性，家长群体存在构成复杂、文化背景和学习需求差异大的问题。这要求“星级家长执照”平台所提供的课程要足够丰富，数量够丰、质量够高、形式够多，以最大限度满足家长的学习需求。

从历史渊源看，教育本是一项由受教育者自主选择的自然权利。家长在“星级家长执照”框架下学习，然后取得证照，就是受教育。家长身心成熟的前提强化了其追求教育自由的特点。家长根据自己的需要、认知偏好，做出某种个性化选择，是其选择权的体现。英国哲学家密尔曾指出：“（受教育者）的官能如知觉能力、判断力、辨别感、智力活动，甚至道德取舍等，只有在进行选择时才会得到运用。他们必须使用观察力去看，使用推理力和判断力去预测，使用活动力去搜集作决定所用的各项材料，然后使用思辨力去作出决定，而在作出决定之后还必须使用毅力和自制力去坚持自己考虑周详再作的决定。”

“可选择”是“星级家长执照”平台的建构原则之一，平台充分尊重家长的选择权：以充沛的线上资源和稳定的高频更新保证家长有足够多的样本可选择；课程呈现方式多样，支持家长在专家讲座、名师有约或者父母故事间选择；除被动学习之外，倡导家长主动实践，到育儿现场去，与其他家长沟通、交流、分享，在学习共同体中成长。

3. 泛在性

朱熹曾说：“无一事而不学，无一时而不学，无一处而不学。”这是古代泛在学习的意识。我国教育理论家朱永新认为，泛在学习是“以人为中心，以学习任务本身为焦点”的学习。不论古今，中国人都重视泛在学习。如今，在数字技术的加持下，泛在学习能让人以各种方式按需获取学习资源，打破了在固定地点通过固定途径进行学习的模式。学校不再是教育的唯一场所，家庭、社区、网络世界都是学习场域，并且它们之间是相互合作的关系，所以未来的教育一定是在社会场域内共同进行的教育。

“星级家长执照”致力于“以信息碎片的连通来创造性地重构家庭教育指导的知识体系，优化家长学习的评价体系以激发家长的互动积极性，结合线下现场学习的方式，促成分享过程的回归，从而完善在线社群学习的系列功能，使其更有效地作用于社交媒体时代的知识获取过程”。这是优质泛在学习在家庭教育领域的实践。

“星级家长执照”是上城区数字化协同育人的创新探索，上城教育将工程的价值定位为“扣好第一粒纽扣”，立足于支持家长学习与专业成长，以育人立场为逻辑起点，以家长成长为价值追寻，以形成良好的教育生态为终极目标，形成了一套家庭教育指导服务方案。

第二节
整体架构：一张蓝图一盘棋

《中华人民共和国家庭教育促进法》第三条规定“家庭教育以立德树人为根本任务”。这如同灯塔，给身陷困境或容易迷失的家长们指明了家庭教育的方向。方向问题牵一发而动全身，对家庭教育指导来讲也是如此。只有用“立德树人”引领家庭教育方向，推动家庭教育指导工作，才能解决诸如家长素养问题、教育环境问题、教育方式问题等难题。新时代家庭教育要培养的是时代新人，这决定了家庭教育培养要朝着“为中华民族伟大复兴培育后生力量”这一方向来发挥基础作用。

老舍曾在《我的母亲》中写道：“从私塾到小学，到中学，我经历过起码有廿位教师吧，其中有给我很大影响的，也有毫无影响的，但是我的真正的教师，把性格传给我的，是我的母亲。母亲并不识字，她给我的是生命的教育。”由此可以说，良好的家庭教育是铸造人格“脊 · 骨”的关键元素。

上城区基于对家庭教育重要性的深刻认识，将家庭教育工作纳入政府和教育行政部门主要工作，树立大教育观，明确以立德树人为导向，以“一张蓝图一盘棋”的整体思维，构建家长专业成长区域服务体系，形成“政府全力主导、教育部门主要推进、相关单位全面配合、专业机构全程引领、社会力量大力支持”的区域协同育人机制，营造风清气正的良好育人生态。

一、立德树人的育人导向

《左传》有云：“太上有立德，其次有立功，其次有立言，虽久不废，此之谓不朽。”“立德”为首，足见其地位重要。《礼记·大学》曰：“大学之道，在明明德，在亲民，在止于至善。”又曰：“古之欲明明德于天下者，先治其国；欲治其国者，先齐其家；欲齐其家者，先修其身；欲修其身者，先正其心……心正而后身修，身修而后家齐，家齐而后国治，国治而后天下平。”可见，立德树人不只是古人对自我完善的自觉追求，更是中华民族传统文化的传承。

1. 文化基因的赓续

孟子曾曰：“君子之泽，五世而斩。”名门望族传承几代之后由盛转衰，变成默默无闻的寻常人家，这似乎成为一个难以打破的“历史魔咒”。但有一个家族却赓续千年，长盛不衰，延续至今，且人才“井喷”。这个家族，就是吴越钱氏家族。钱氏家族起于五代十国，盛于宋代，近现代更是孕育了一大批各领域的名家。据不完全统计，从宋代至清代，钱氏家族总共出了 350 名进士。文化名人有宋代的钱易，宋末元初的钱选，明代的钱德洪，清代的钱谦益、钱大昕、钱松、钱枈等；近现代的大家有国学大师钱穆、钱钟书等，科学家钱学森、钱三强、钱伟长、钱永健等。追寻钱氏家族兴旺发达的原因，其实质是“道德传家，十代以上”。钱镠是五代吴越时的国君，选择保境安民的政策，以其卓越治理，实现了“钱塘富庶盛于东南”。《钱氏家训》是其道德传家和家庭教育的依据，从个人、家庭、社会、国家各个方面对后代提出了严格要求，并世代相传，让子孙德才兼备，代有才出。钱王祠位于杭州市上城区清波街道，人们对他的敬仰和怀念也包含着对他“道德传家”理念的认同与传承。

位于西湖栖霞岭下的岳王庙，埋葬着岳飞的侠骨忠魂。岳母刺字的故事家喻户晓。习近平总书记曾在多个场合讲过他的家教故事："我从小就看我妈妈给我买的小人书《岳飞传》，有十几本，其中一本就是讲'岳母刺字'，精忠报国在我脑海中留下的印象很深。作为父母和家长，应该把美好的道德观念从小就传递给孩子，引导他们有做人的气节和骨气，帮助他们形成美好心灵，促使他们健康成长，长大后成为对国家和人民有用的人。"诚然，立德树人家长为先，家长要有意识地帮助孩子树立家国情怀，树立正确的道德观。"青山有幸埋忠骨"，除了岳飞之外，明代名臣于谦、南明儒将张煌言、鉴湖女侠秋瑾等也都埋葬在这片山水之中，为杭州注入了最有力的筋骨支撑。

杭州这块土地孕育千年的文化财富，现已成为今人追求未来美好生活的精神源泉。其中，立德树人正是上城区家庭教育指导天然的历史基因。

2. 家庭德育的引领

国外的一项研究表明，在道德判断和价值定向方面，父母与子女的相关性系数为 0.55，而教师与学生的相关性系数为 0.03。可见，家长在家庭中对孩子进行的德育具有其他形式的德育所不能取代的价值。

汉朝荀悦在《申鉴 · 政体》中说："天下之本在家。"社会性是人的本质属性，教育的实质就是引导受教育者走上社会化道路。为落实立德树人的教育目标，家庭教育必须以社会主流价值为引领，从日常生活中挖掘社会主义核心价值观的内容，通过教育引导孩子践行社会主义核心价值观，让他们懂得自己的前途和命运与国家的前途和命运息息相关。

父母在日常家庭生活中，将一定的价值观念、道德规范、思想观念、行为习惯等通过言传身教转化为子女道德品质的教育活动就是家庭德育。家庭是德育的第一场所，也是最长久的场所。家庭德育是一个长期的、潜在的影响过程，渗透融合于家庭日常生活的各个方面，与学校德育相比，具有早期性、灵活性、针对性和感染性等特性，对未成年人的健康成长具有重要影响。德育不仅是家庭教育的关键核心，也是家庭教育的重要内容。加强和提升家长开展家庭德育的意识与能力，是家庭和谐、子女成长的需要，更是我国思想道德建设、教育治理格局创新的必然要求。于家于国，意义深远。为明确“立德树人”年段目标，引领家庭德育理念，“星级家长执照”根据各年龄段孩子的特点制定了德育目标，各年龄段目标层层推进，螺旋深入，以此引领家长在家庭教育中践行德育理念（见图 2-2-1）。

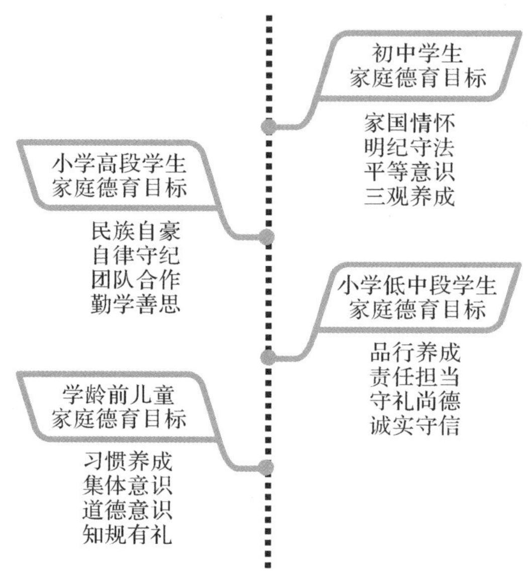

图 2-2-1　上城区家长课程德育目标

3. 德育资源的整合

“星级家长执照”在系统运行过程中，就十分注重将区域内的德育资源进行科学整合，着眼于对家长的指导和对孩子道德品质、身体素质、生活技能、文化修养、文明礼仪等方面的培养和引导，为立德树人的家庭教育目标奠定坚实的基础，主要体现在以下几个方面。

（1）立足于上城红色文化底蕴，挖掘红色德育资源，助力家长引导孩子自觉传承红色基因，实现为党育人的目标。“星级家长执照”制作并推出了系列红色教育微课（如“小营红迹”，见链接 2-2-1）。这些微课就地取材，或讲述地域历史文化，或回顾

链接 2-2-1
小营红迹

学校党史，或介绍名人家风，或展现杭州仁人志士的抉择，或彰显当代杭州青年的使命担当。观看这些红色教育微课，既对家长进行了心灵洗礼和文化浸润，又为家长实施家庭德育夯实了基础。同时，“星级家长执照”还联合相关场馆打造了蒋筑英纪念馆、杭州孔庙、毛主席视察过的小营巷纪念馆、杭州青年运动史馆、杭州博物馆等众多红色站点，组织开展“走红巷，游上城”的线下研学活动，鼓励家长利用周末时间带领孩子参加线下亲子走读活动，让孩子在红色文化的浸润中了解革命文化和社会主义先进文化、培育和践行社会主义核心价值观。

（2）立足于上城宋韵文化特色，梳理历史文化名人德育资源，助力家长有意识地培养孩子的家国情怀，实现为国育才的目标。在儒家思想的影响和前代贤哲风范的感召与引领下，宋韵文化中以天下为己任的家国情怀一度成为上城文脉的主旋律，并感染着一代又一代的上城人。“星级家长执照”将区域内苏轼、岳飞、于谦等文化名人的有关资源进行系统整合，形成家庭教育中的德育资源，结合当代思想文化建设，以文化名人弘扬正能量。

（3）立足于上城优秀家长资源，讲好身边“优秀家长育人故事”，发挥榜样的智慧引领作用，实现和谐家庭的营造。“星级家长执照”不仅是家长学习的平台，也是家长交流的平台。家长教育是成人教育，同伴教育的效果较为明显。来自优秀家长的分享、交流更能引起其他家长的共鸣，更具有说服力。“星级家长执照”利用平台优势，广泛汇集“优秀家长育人故事”资源，既给优秀家长提供展示分享的舞台，也给其他家长带去育人方法的启迪。如新冠疫情来袭时，平台响应国家防疫要求，除了宣传防疫知识，还着力挖掘抗疫过程中涌现出的抗疫英雄、感人事迹等德育素材，联合各校开发系列抗疫微课，在特殊时期给家长和孩子以支持。家长利用这些微课在家庭中传播积极向上的正能量，带领孩子体悟隐藏在抗击疫情背后的精神内涵，引导孩子感受爱国、负责任、有担当、团结等精神品质在这次疫情中发挥出来的强大力量，以信念教育、道德教育浸润家庭德育。

二、好家长目标的培养

既然有了家庭教育“立德树人”育人导向的引领，就要践行知行合一，明确上城好家长专业成长目标，让家长更专业。根据中国特色社会主义新时代家长的素质要求，遵循科学规律，上城区确立了“五星级家长”的专业成长目标，强化知行合一（见图 2-2-2）。知行合一好家长的专业成长目标包含如下四个方面的内容。

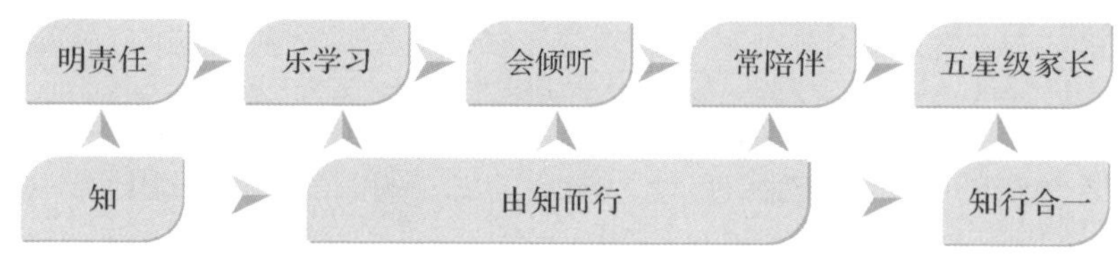

图 2-2-2　知行合一好家长专业成长目标示意图

（1）明责任，是指家长要明确自身在家庭教育中所承担的教育子女健康成长的职责和使命，自觉承担家庭教育的主体责任。《中华人民共和国家庭教育促进法》明确指出：“父母或者其他监护人应当树立家庭是第一个课堂、家长是第一任老师的责任意识，承担对未成年人实施家庭教育的主体责任，用正确思想、方法和行为教育未成年人养成良好思想、品行和习惯。”一般来说，家长的责任包括关注子女的身心健康、端正他们的学习态度、培养他们养成良好的行为习惯、教会他们规则意识和责任意识、为他们播种远大理想、引领他们全面发展等。家庭教育是学校教育的最大保障，父母是子女的终身教师。无论教育如何变革，父母永远都是子女教育的“第一责任人”。因此，为了子女的成长，每一位家长都要明晰自己所肩负的责任。

（2）乐学习，是指家长在家庭教育过程中，应根据不同年龄段子女的身心发展特点加强自我学习，乐于学习，不断提升自身的育儿能力和水平。《中华人民共和国家庭教育促进法》从法律层面对家长加强学习作出了系统的阐述，它强调：“未成年人的父母或者其他监护人应当树立正确的家庭教育理念，自觉学习家庭教育知识，在孕期和未成年人进入婴幼儿照护服务机构、幼儿园、中小学校等重要时段进行有针对性的学习，掌握科学的家庭教育方法，提高家庭教育的能力。”

（3）会倾听，是指家长要尊重子女参与相关家庭事务和发表意见的权利，学会做孩子的倾听者。在实施家庭教育的过程中，家长不要一味地向孩子讲述道理，要学会倾听孩子的心声，听听他们的小烦恼，当当他们的军师，感受他们的小喜悦，做做他们的听众。或许他们的想法并不成熟，但里面藏着其可爱又纯真的心，这就需要家长学会聆听，懂得用心呵护他们健康成长（见链接 2-2-2“倾听与学历、背景无关”）。

链接 2-2-2
倾听与学历、背景无关

（4）常陪伴，是指家长在子女成长的过程中，要亲自养育，加强亲子陪伴，做孩子的陪伴者。父母要在力所能及的范围内，最大限度地陪伴孩子，亲身参与到孩子的每个成长节点，跟他们一起学习新技能，一起探索他们感兴趣的事，在陪伴中见证孩子的每一点进步，跟他们一起感受收获成长的喜悦（见链接 2-2-3“常陪伴”）。

链接 2-2-3
常陪伴

明责任为知，乐学习为知而后行，会倾听、常陪伴为家长的日常育儿实践行为，后三者均属于由知而行的范畴。家长的专业成长基础在学、关键在做，家长要在实践中完善育儿理念、修正育人行为，实现教育中的良性链式反应，在知行合一中，实现家长与孩子共同成长。

与此同时，“星级家长执照”突出价值引领，设计不同类型好家长实施目标。好家长专业成长目标从专业成长的动力和能力两个维度，共分三个类型（见图 2-2-3）：完成平台注册的家长刚踏入专业学习的阶段，属于准学习型家长（一、二星级），针对他们，首先注重基础目标，如急用先学的育儿基本观念、知识和技能，孩子成长的基本规律、各阶段关键问题、阶段衔接点等，使家长愿意学、有兴趣，主要依赖动机激励，使家长建立对育儿的初步认知；学习型家长（三、四星级）聚焦改造不良结构的知识学习，提倡家长间的交互学习，注重问题解决目标，包含育儿现场重难点问题的解决与突破，育儿冲突解决、学科困难、心理疏导、情感沟通等问题，使家长学得好、能迁移；榜样型家长（五星级）重视家长的发展目标，激励家长确立长远发展目标规划，深入到儿童的个性观照、人格发展、“三观”塑造等拓展性问题，使家长学而专、可拓展。

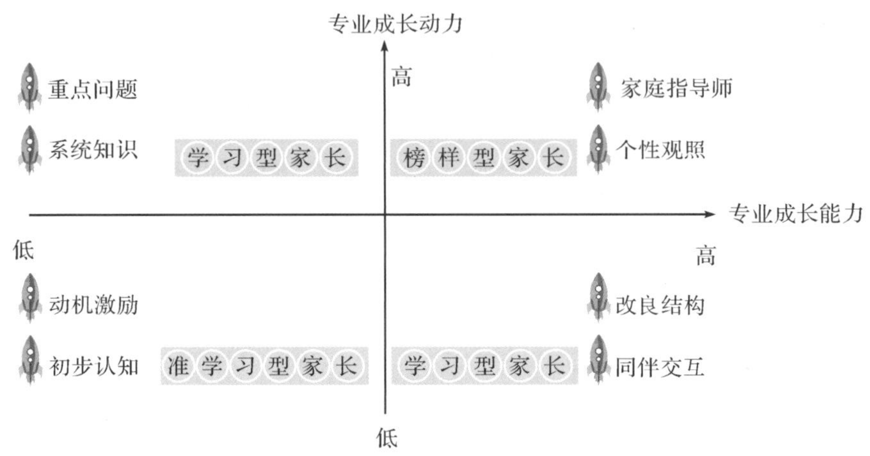

图 2-2-3　不同类型家长及实施目标

五个星级、三种类型，自下而上、由外而内地促进家长育儿能力逐级攀升；同时，随着孩子阶段上升，匹配家长星级递增，共同形成家长学习系统化认知，也渗透了“陪伴孩子共同成长”的理念。

三、“五阶段 · 十问题”课程体系的构建与完善

“星级家长执照”在明确了好家长四个方面内容、五个星级、三种类型的专业成长目标后，针对孩子成长的不同阶段，不断丰富层次，构建了“五阶段 · 十问题”课程体系，分为线上学习和线下学习两大模块。线上学习以微课程、微案例为主，聚焦具体问题，强调普及性、实用性、同伴互助性，强调在理念引领、方法传授、榜样示范中提升家长的育儿观念；线下学习则以主题沙龙、亲子体验、育儿经验分享为主，聚焦互动交流，突出个性化、特色化，强调实操训练、在互动交流中增进亲子感情。“星级家长执照”基于儿童成长理论并结合本区域家长需求调研，运用“问卷星”等技术，全覆盖收集各学段家长的成长困惑，建立起以“五阶段 · 十问题”为内核的课程资源库。它把课程资源按

照孩子相对应的年龄阶段划分为0—3岁的早教阶段、3—6岁的幼教阶段、6—9岁的小学低中段、9—12岁的小学中高段、12—15岁的初中阶段这五个学段，结合孩子成长的每个阶段所呈现出来的不同特征，提取相应学段孩子的家长最为关注的十个问题作为课程主干，形成层次清晰的全覆盖体系。

1.“五阶段 · 十问题”课程体系的构建

（1）0—3岁的早教阶段

早教阶段儿童心理发展呈现出如下特点：一是发展的程序性，在正常的条件下成长总是指向一定的方向，并遵循一定的先后顺序。二是发展的不平衡性，孩子从出生到成熟，从诸事不懂到知之甚多，各个阶段、各个方面的发展均不相同，其速度及程度也会有所不同。三是发展的连续性和阶段性，每一个心理因素都是逐渐由较低水平发展到较高水平、由一个阶段发展到另一个阶段，且一个阶段经过发展，由量变到质变，必然过渡到更高一级的阶段。

这一阶段的孩子会充分运用各种感官探索周围环境，有好奇心和探索欲；逐步发展注意、观察、记忆、思维等认知能力；学会想办法解决问题，有基本的想象力和创造力；对声音和语言感兴趣，能学会正确发音；能学会倾听和理解语言，逐步掌握词汇和简单的句子；能学会运用语言进行交流，表达自己的需求；有安全感，能够理解和表达情绪；有初步的自我意识，逐步发展情绪和行为的自我控制能力；会与成人和同伴积极互动，初步发展社会交往能力。“星级家长执照”针对该学段孩子成长的身心特点和区域内家长的育儿需求调研结果，梳理完善了早教阶段的“十问题”课程体系（见图2-2-4）。

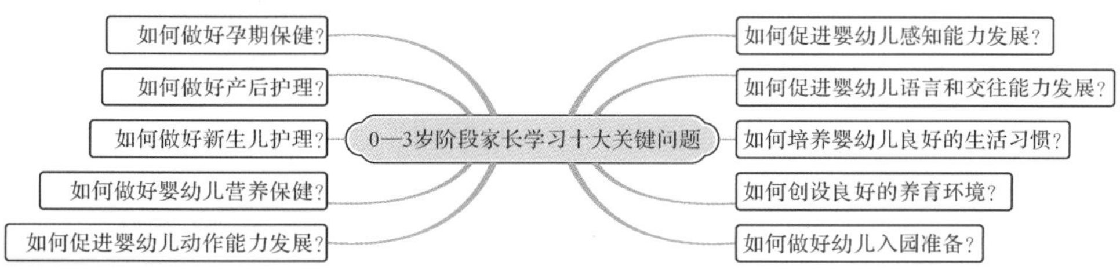

图2-2-4　0—3岁阶段家长学习问题框架图

（2）3—6 岁的幼教阶段

幼教阶段儿童的心理发展呈现出如下总体特征：一是有强烈的好奇心，科学家培根曾说，“好奇心是幼儿智慧的嫩芽”，孩子到了三岁以后，他的想象力发展渐趋成熟，感兴趣的事物也比原来丰富很多，喜欢接二连三地问“为什么”。二是重视同伴交往，同伴交往是为满足孩子的归属需要和尊重需要，给孩子提供学习他人反应的机会，有助于孩子获得社交技巧，进而得到情感支撑。三是喜爱模仿，这一阶段孩子由于独立自主意识尚弱，常通过模仿进行学习，获得心理认同。四是行为受情绪支配，这一阶段孩子的社会情感迅速发展，道德感、理智感、审美感都逐渐发展起来，但是其社会情感发展还尚未完善，因此他们对情绪的控制能力不强，易情绪外露、易冲动、易受感染。五是思维方式以行为和具体形象为主，他们习惯于先做再想，思考时直观行动思维和具体形象思维相融合，主要还是依赖图形，对符号的认识也在加强，开始出现抽象逻辑思维的萌芽。六是个性气质初步形成，他们由接受任务、执行指令，对自己所担负的任务具备基本的责任感，到自己组织游戏，建立初级的同伴关系，再到情绪比以前更稳定，逐渐有了自己个人的特点，个性初具雏形，可塑性很强。

3—6 岁是孩子生长发育的黄金时期，因为这一阶段是孩子一生中词汇量增长最快的时期，是其语言能力飞速发展的时期，是孩子一生中智力发展最快的时期，也是孩子个性形成的关键时期。中国有句民谚：“三岁看小，七岁看老。”意思是说，根据孩子三岁时候的脾气禀性，可以预测出他在童年期（从 6—7 岁到 12—13 岁）的行为特点；而根据他在七岁左右的行为特点，可以预测出他老年时的心理和行为表现。这句民谚非常符合发展心理学原理，是我国人民根据几千年的教育经验总结出来的一条规律，从中也足见这一阶段孩子成长的重要性。“星级家长执照”针对该学段孩子成长的身心特点和区域内家长的育儿需求调研结果，梳理完善了幼教阶段的“十问题”课程体系（见图 2-2-5）。

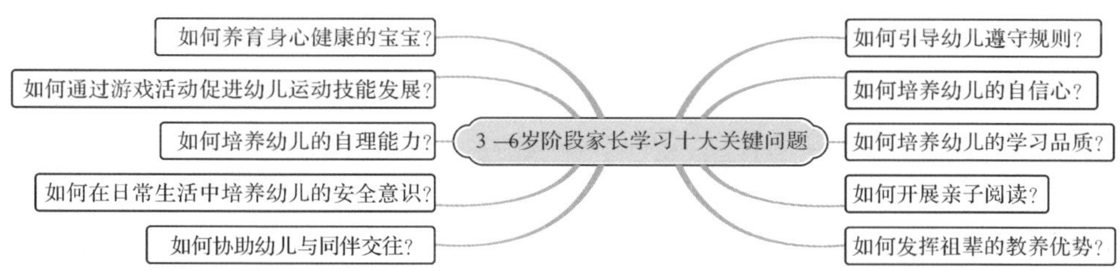

图 2-2-5　3—6 岁阶段家长学习问题框架图

（3）6—9 岁的小学低中段

小学低中段孩子的心理发展具有如下总体特征：在语言方面，口头语迅速发展，对语言的理解力逐渐增强；由儿童语言向正常的成人语言过渡；由“自我为中心”的语言向社会化语言过渡；由不规范的语言向规范的语言发展。在思维方面，抽象思维开始发展，具体形象思维仍占有很重要地位；孩子的记忆力大多是无意识记忆，一般是按照形状、颜色、声音和形象来记忆的。在情绪方面，个人情绪总体显得比较外露、不够稳定持久；喜怒哀乐很容易通过面部表情表现出来，但控制情感的能力逐步增强。在行为表现方面，自我意识已经迅速发展起来；敢于将自己的愿望、想法表达出来；敢于反抗父母的权威。

怎么样在学习和生活中培养 6—9 岁儿童的情商和智商呢？这是不少父母都在积极关注的实际问题，当父母真正考虑到这个方面的事情，并且知道自己要如何做的时候，才可以给孩子足够多的保障。为此，“星级家长执照”针对该学段孩子成长的身心特点和区域内父母的育儿需求调研结果，梳理完善了小学低中段的“十问题”课程体系（见图 2-2-6）。

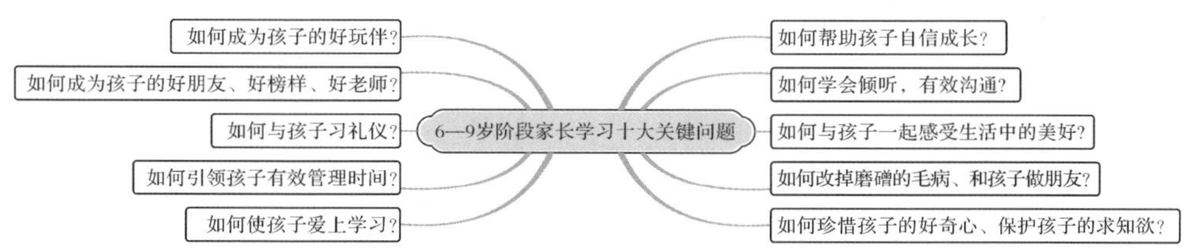

图 2-2-6　6—9 岁阶段家长学习问题框架图

（4）9—12 岁的小学中高段

9—12 岁的小学中高段是孩子步入青春期的过渡和衔接阶段，孩子在生理、心理上都会发生很大程度的改变，逐渐成熟化。这一时期孩子的心理发展具有如下特点：一是自我意识增强，胆量变大；二是自控和自律意识开始两极分化；三是秩序感下降，磨蹭、拖延的现象加剧；四是自尊心很强，但是呈现为脆弱和敏感；五是认知和分辨能力有提高，但是还不全面。

正是因为这个时期的孩子变得非常敏感，对于外界和自我的感知能力增强，容易受到外界因素和自我感知能力的影响，从而产生较大的情绪波动，所以需要老师和家长加强与孩子正面的沟通和引导，同时为孩子留出一定的个人空间，进行一定程度的教养方式调整，使孩子的身心向积极健康的方向发展。同时这个阶段也是孩子各方面能力提升的关键时期，家长和老师要帮助孩子树立起正确的价值观、发现自己的兴趣和优势，对于孩子能力的培养要有所加强。为此，“星级家长执照”针对该学段孩子成长的身心特点和区域内家长的育儿需求调研结果，梳理完善了小学中高段的“十问题”课程体系（见图 2-2-7）。

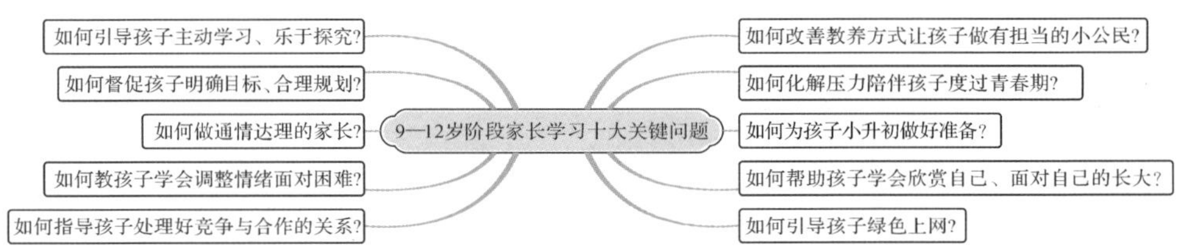

图 2-2-7　9—12 岁阶段家长学习问题框架图

（5）12—15 岁的初中阶段

12—15 岁的初中阶段是孩子从童年向成年发展的过渡期。其心理行为发展呈现出如下特征：一是生殖器官逐步发育，出现性冲动和性好奇；二是整体身体素质好；三是大脑发展迅速，抽象思维能力增强，记忆和观察水平不断提高；四是自尊心强，重视外表，建立自我同一性成为本阶段孩子最重要的任务；五是情绪波动大，敏感易怒，容易有挫折感，情感内隐；六是易和家长产生冲突；七是重视同伴交往及其评价，对父母的依恋减少；八是责任心增强，自我控制能力有明显发展。

如上所述，这个阶段的孩子从小学进入中学，对他们来说是一个飞跃，同时也是一个不小的成长挑战。孩子面临着新的环境、老师、同学，以及新的学业困扰——科目增多、知识难度相比小学有了较大提升，因此随着学习任务和压力的增大，家长一定要引导孩子制订好学习计划，循序渐进，培养和发展孩子独立学习、独立生活的能力，与孩子一起了解当下的学习情况和状态，设定目标、协商方法，养成良好的学习习惯。同时要抓住一切有利的机会，促使孩子的心理更加成熟，为将来的学习和生活做好心理素质的培养。为此，“星级家长执照”针对该学段孩子成长的身心特点和区域内家长的育儿需求调研结果，梳理完善了初中阶段的“十问题”课程体系（见图 2-2-8）。

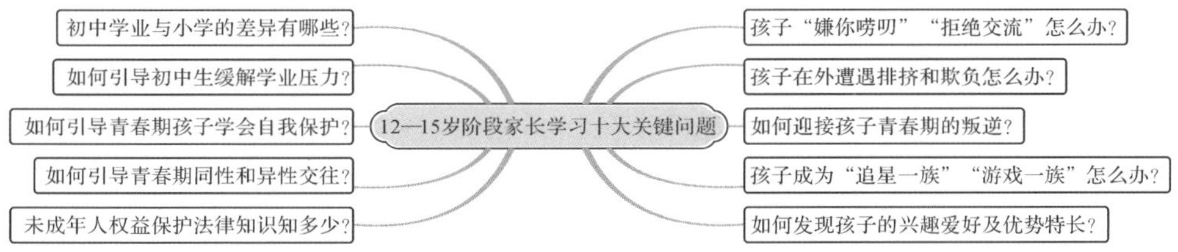

图 2-2-8　12—15 岁阶段家长学习问题框架图

2.“五阶段 · 十问题”课程体系的完善

为了进一步完善并补充“五阶段 · 十问题”课程体系，“星级家长执照”多措并举，还具化场景，创设问题导向优化课程内容结构。家长专业成长学习具有时间零散性、空间多元化等特征，容易导致学习碎片化。因此，家长专业成长系统一方面依旧保留如专家讲座等事实性知识的学习；另一方面利用社区环境呈现多元事实，更多向场景性知识的学习演进，如线上课程学习、专题培训课程、亲子体验活动、读书会、一对一咨询等，优化家长专业成长的知识结构。“星级家长执照”还原家长问题，运用主题性结构，整合更多专业资源，如区域内部委办局、育儿专家、社会组织等各种力量，树立榜样家长，其中不乏省市乃至全国著名的医疗专家、特级教师、名师名校长，从不同维度对育儿知识进行操作性阐释和演绎，完善专业部门主题知识结构（见图 2-2-9）。不同视角使同一主题内容的学习更具有丰富性，便于家长在知识集群中找寻自己解决问题的方式方法（见表 2-2-1）。

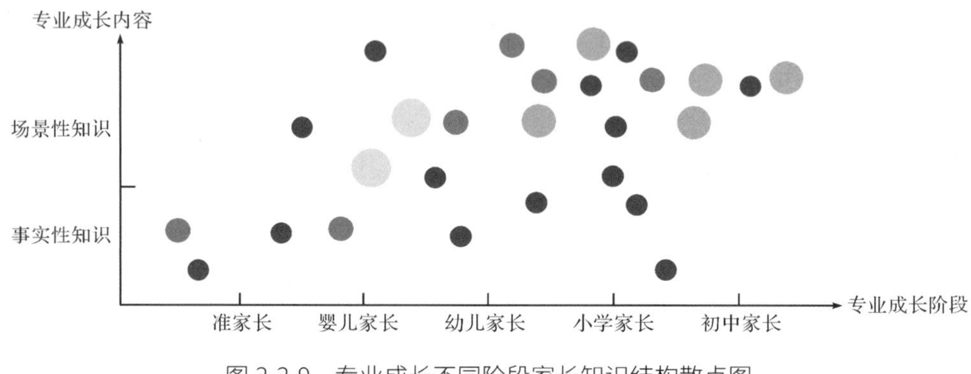

图 2-2-9　专业成长不同阶段家长知识结构散点图

表 2-2-1　“如何开展亲子互动”多部门主题知识集群

部委办局	妇联卫健　民政教育　组宣信息　街道社区	党团骨干
育儿专家	专业医护　专职教师　营养专家　心理专家	
社会组织	潜能开发　绘本阅读　亲子游戏　专题讲座	
榜样家长	五星家长　卓越爸爸　志愿家长　祖辈家长	

与此同时，“星级家长执照”平台线下学习定位于将理论运用于实践，通过亲身体验，让家长在活动参与中提升育儿能力。平台基于“立德树人”的主旨，联动学校和社区，盘活域内各种文化资源，激发其教育功能，鼓励家长积极参与五个一：同走一条研学之路，打开行万里路的视角；共读一本幸福之书，开启亲子“悦”读的世界；开启一次艺术之旅，感受向美而行的愉悦；共享一场运动之趣，享受酣畅淋漓的体验；体味一回家务之乐，体验劳动创造的乐趣。平台每年推出 1000 门以上特色线下课程供家长选择、实践，破解育儿难点，关注教育热点，凝聚家庭德育合力，形成家庭、学校、社会协同育人的局面。而父母也能在与孩子交流互动中，增进亲子感情，营造出良好的家风。

链接 2-2-4 抗疫“心”处方——缓解家长焦虑小妙招

真实问题是驱动家长专业成长的重要动力。“星级家长执照”还建立了“发现问题—学习求解—同伴交流—有效解决”四步法。科学养护、安全教育、亲子关系、情感教育、道德教育、能力培养等方面的问题，都一一得到解决。根据平台数据，组织相关课程及资源匹配，提升家长学习可持续性，提高家长专业成长效度。如2020年新冠疫情暴发后，数据显示家长急需疫情应对课程，防疫知识、居家运动、居家活动、心理调适等各方面共100门课程及时上线，点击量达3.5万人次。针对反映最多的“长时间居家学习后的亲子关系无所适从”问题，平台及时组织相关心理专家，推出线上心理辅助课程（如链接2-2-4“抗疫‘心’处方——缓解家长焦虑小妙招”）；同时组织区域专家介入，对部分经筛查的家庭进行一对一建档，并持续跟踪，有效化解家长焦虑和学生心理危机。

四、“一站式”家庭教育服务体系的运维

据企鹅智酷和中国信息通信研究院产业与规划研究所联合发布的2016版《微信“影响力”报告》，49.3%的用户在使用碎片时间阅读，其中35.8%的用户认为自己阅读量因此上升。“微信，是一种生活方式”昭示着成人学习方式的改变，也为家校社协同育人指明了数字化解决的方向。上城区正是看到数字时代无线互联、动态协同的显著特征，开启了借微信公众号运营影响家长、撬动系统的协同育人尝试。数字化赋能协同育人是“星级家长执照”工程的立意，是一个系统性工程，用户视角是其第一选择。平台从家长面临的实际问题入手，以系统论为引导，明确区域家庭教育指导目标，分别从认证体系、保障体系和队伍体系三个方面探索解决家长专业成长问题，构建、优化家长专业成长的“一站式”家庭教育服务体系。

1. 认证体系："学分 + 星级"，打造全流程一站式家长学习空间

区域家长专业成长的学习需求调研是研究的起点。2016 年，针对上城区共 12000 名家长进行的"家长教育素养"调查的结果显示：学习需求很强的家长约占 71%。家长乐于参加的培训方式中，比例最高的两项分别为家长学校组织家长研讨分享（占 36%）、网上微课程（占 24%）。家长最希望了解的孩子成长相关问题中，良好习惯养成占 35%，健康人格培养占 27%。

基于调研结果及分析，"星级家长执照"课题组进行了多次论证，对整个系统进行了顶层设计，确立了依托手机端微信服务公众号，以家长身份为学习账号主体，分别按照孩子成长的五个阶段登录学习，打造家长学习的"学分 + 星级"认证体系（见图 2-2-10）。课程板块在云端以 HTML5 的形式呈现，课程采集采用多元途径，家长以在线学习占 40%、线下课程占 40%、在线测试占 20% 的结构化方式开展积分晋级，并由平台在线颁发电子证书（见图 2-2-11）。

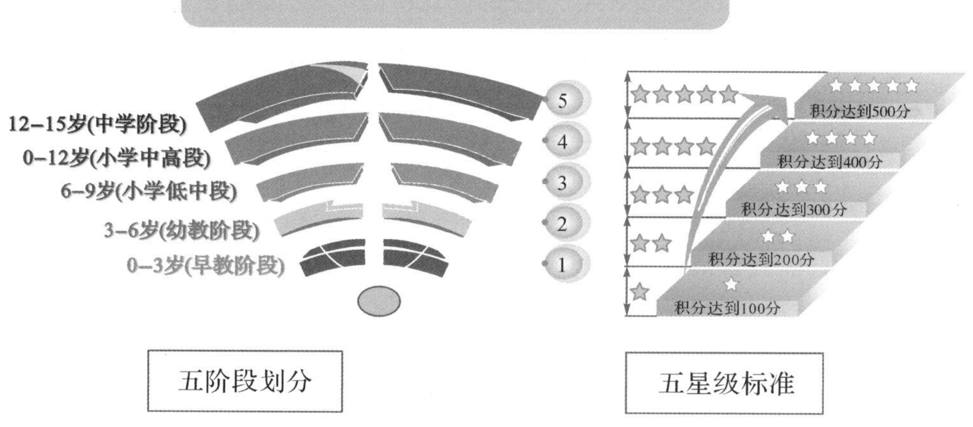

图 2-2-10　家长学习的"学分 + 星级"认证体系

证书编号：

________家长：

恭喜您通过本次阶段性学习与测试，获得______星级证书。

在培养孩子的过程中，需要您有持续学习的动力，愿您能一如既往地陪伴孩子共同成长。

图 2-2-11 “星级家长执照”电子证书

在线学习与在线测试属于学习检测系统，由专家根据五星级、五阶段的难度组建题库，供家长学习检测。系统在家长测试时随机抽取题库中的题目进行组卷，并根据测试信息实时校对，批阅并积分。

线下课程的每个学习点由专属管理员进行课程发布。家长可以通过系统定向推送的消息接收课程推荐，也可以点击“电子学习地图”实现线下学习点的导航与课程检索。线下课程以现场专属二维码的形式签到并积分。系统鼓励家长多参加线下实体化培训，通过现场互动、有针对性的培训来提升家长教育认知的应用能力，确保学习效用最大化。

“星级家长执照”每级 100 分，其中“线上学习”板块 40 分，“线下课程”板块 40 分，“在线测试”板块 20 分；而“亲子陪伴”板块展示则是必需的附加积分。作为独立积分的认证机制，“星级家长执照”将家长专业成长的过程可视化。系统通过在线学习、线下课程、在线测试这三种方式为参与学习的家长赋分，三项累加后的积分就是家长的实际学习成绩。每个阶段的家长学习并积分，只要三项相加达到 100 积分，并且满足在线学习 40 分、线下课程 40 分、在线测试 20 分，就可升一个星级；每个阶段最高为五星级。系统根据家长所满足的积分规则即可自动形成星级证书在线颁发给家长。随着星级递增，家长的专业成长意识和能力也不断增强，进而实现由外力激励向内力驱动的转变。

为了从根本上扩展家长学习的时间与空间，保障家长获取学习服务的路径，实现优质家庭教育资源的开放与共享，“星级家长执照”构建了家庭创新自主学习“12345”模式，即以“一站式”服务平台这一中心，通过浙里办和微信公众服务号这两个用户入口，凸显出平台系统的实用性、参与性、阶梯性这三大特征，开创个人自助式信息浏览学习、任务驱动式情景交互学习、亲子互动式活动体验学习、小组协作式群体交流学习这四类学习路径，从而实现家庭教育学习认证、线上线下学分登记与兑换、师资与志愿者统筹、家庭教育学习点电子地图供给、直播教学互助体系建设这五大服务功能，探索家长教育与学习的多元化与自主化。

随着通过“学分 + 星级”认证体系的建立，“星级家长执照”还进一步拓展激励家长主动学习的方式方法，实施区域联动的“1+X”激励机制，变外力激励为内力驱动。家长学习的结果不仅与一张“星级家长执照”证书紧密联系，而且还与各部门的 X 种荣誉评比关联，如学习型家长评选（妇联）、“最美家庭”评比（街道办事处）、“星级好家长”评比（教育局）等，这有效扩大了“星级家长执照”的实用性。

2. 保障体系：“机构 + 机制”，构建全系统一纵式协同运作样态

上城区社教委是负责区域终身教育的最高领导机构，下辖全区部委办局、各街道办事处、浙江大学医学院附属第一医院、杭州方志馆、“中华人民共和国第一个居委会”——杭州市上城区紫阳街道上羊市街区社区居委会等共 59 个成员单位。课题拟定后，提交社教委 2017 年度专题会议，后经上城区人民政府批准，发文成立“星级家长执照”领导小组、工作小组，并明确分工。领导小组确立联席会议机制、破难解疑专项会议机制；工作小组确立成员单位统筹机制、数据通报激励机制，建立部委办局及街道、社区、家长、学校等协同办公的机制。各部门进行了分工，如教育局负责系统开发和运维，妇联负责街道、社

区、家长、学校和对外结对地区的辐射推广，民政局负责婚登人员的平台注册、社工宣传，卫健局负责孕检人员注册及专业课程资源供给等。工程主体运维设置在上城区教育局所属的上城区社区学院，教育局为日常协同负责单位。自此形成了由社教委驱动、教育局主推、社区学院运维、各相关单位协同的全系统一纵式协同运作格局，为工程推进提供了强有力的组织机构保障。

“星级家长执照”这一平台的良性运营和持续发展，离不开多方投入。开发与运维需要聘请第三方技术公司提供，开发与技术服务、微信云端流量空间租用服务、课程资源的采集购买服务等都需要经费保障。上城区人民政府数字化项目办公室拨付了“星级家长执照”专项资金，后期的课题研究、日常运维、管理员培训、星级家长激励等项目支出都得到了专项资金的支撑和保障。

学校、家庭、社会协同进行家长学习支持是“星级家长执照”自始至终的选择。“星级家长执照”平台的运营需要校、政、社各领域的助力和支持，以保障平台内容的优化、家长黏性的增强。为此，区部委办局和街道社区在区社教委的领导下分工履职，通过工作会议进行统筹协调和重难点突破，通过平台数据定期通报督促各单位保质完成。此外，线下活动开设需要多方力量集体参与，以保证家长学习机会的充足、学习内容的丰富、学习品质的优良。“星级家长执照”平台面向全社会开设申请通道，个人、终身学习体验基地或者社会组织等都可在线申请。只要具有相应资质，经审核后，被纳入专家资源库，就可在平台发布课程，满足不同阶段家长的差异需求。

这样，通过设立领导机构、建成合力协同机制等措施，就构建了全系统一纵式协同运作样态（见图 2-2-12）。

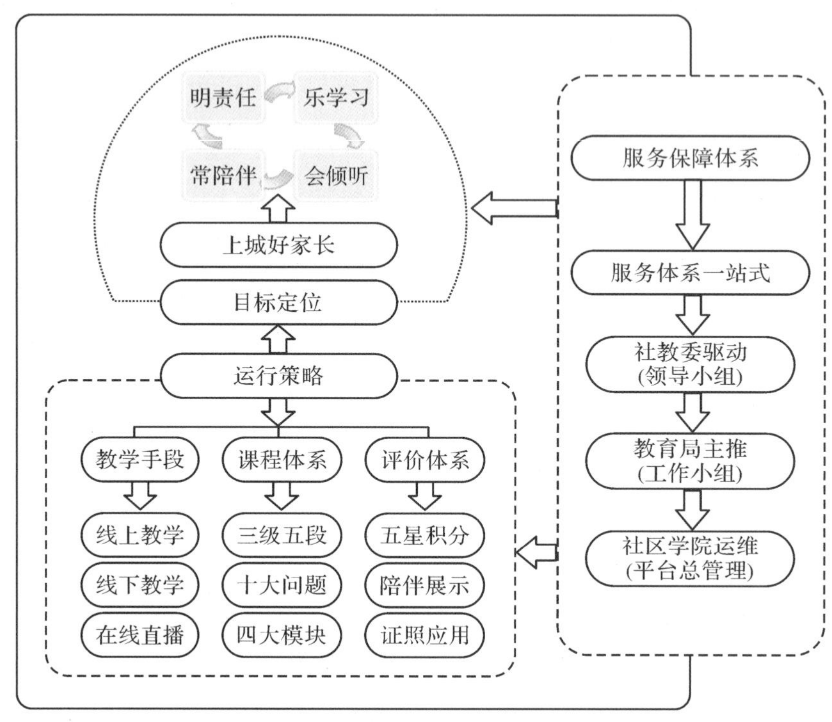

图 2-2-12 “星级家长执照”协同育人一站式服务体系架构图

3. 队伍体系：“前端 + 后台”，保证全天候一队式平稳运维常态

“星级家长执照”平台的日常运维需要有一支核心队伍——平台管理员队伍。前端服务家长，处理注册学习、积分认证等问题；后台进行课程开设、资源上传、查询统计、数据分析等运维管理。“星级家长执照”共设 6 名专职平台管理员，他们都拥有较高的专业水平和多年从事相应培训管理的经验，并逐步形成了一支由区妇联、区卫健局、区民政局、团区委等部委办局的工作人员和来自 14 个街道、上城区各中小学及部分民非组织等的专业人员共计 300 余人组成的平台运维队伍。

平台根据管理员的不同权限，可分为“总管理员—阶段管理员—单位 / 学校管理员”三个层级。通过分级管理明确各自不同职责，由此形成系统、有序、高效的层级式平台管理体系。通过研讨培训提升平台管理员的业务能力，积极探索管理员准入与退出机制、家庭教育人员的职业资格认证机制等，以全面提高家庭教育教师队伍的职业化水平和平台运作的规范化水平，达成了核心队伍全天候一队式平稳运维的常态（见图 2-2-13）。

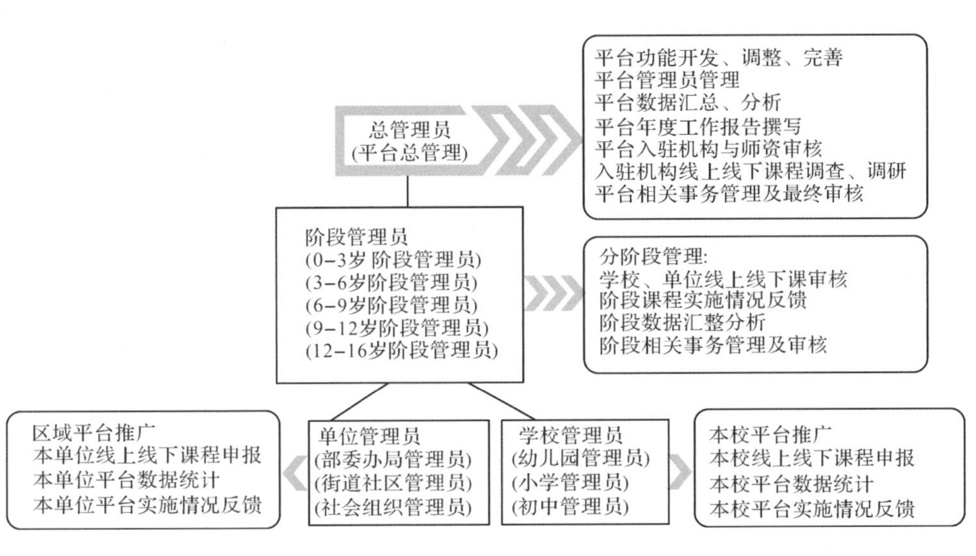

图 2-2-13 “星级家长执照”管理员层级队伍

孩子健康成长，需要家庭、学校、社会三种教育力量协同。“星级家长执照”由上城区社教委牵头，建立“政府全力主导、教育部门主要推进、相关单位全面配合、专业机构全程引领、社会力量大力支持”联动体系，横向上整合了宣传、教育、民政、卫健、街道、社区等学习资源，纵向上从婚登、孕检延伸到孩子上初中，持续引导准家长与家长参与学习，家庭、学校、社会“三力合一”。同时，创立家长专业成长“一站式交互平台”，实现在线学习、线下课程、在线测试、陪伴展示、学分累计、证书领取等一站式功能，形成四个“一体化”网络系统——服务参与者一体化、服务对象一体化、服务内容一体化、服务形式一体化。

上城区具有立德树人的家庭教育文化历史基因，自觉进行着家庭德育的规划和引领，以“一站式”家庭教育服务体系为蓝图，确定了上城区家庭教育推进的“四梁八柱”，盘活家庭教育的育人资源，拓展了家庭教育的路径，向高质量协同育人的方向不断迈进。

参考文献

［1］中共中央党史和文献研究院．习近平关于注重家庭家教家风建设论述摘编［M］．北京：中央文献出版社，2021.

［2］中国法制出版社．中华人民共和国家庭教育促进法（含草案说明）［M］．北京：中国法制出版社，2021.

［3］傅国亮，孙云晓，康丽颖，等．共商家庭教育指导服务体系 共建家校社协同育人机制［J］．中华家教，2021(06):88-93.

［4］中华人民共和国教育部．中共中央办公厅 国务院办公厅印发《关于进一步减轻义务教育阶段学生作业负担和校外培训负担的意见》［EB/OL］.(2021-07-24)［2022-11-03］.http://www.moe.gov.cn/jyb_xxgk/moe_1777/moe_1778/202107/t20210724_546576.html.

［5］朱熹．四书章句集注［M］．武汉：长江出版社，2016.

［6］李群锋．儿童性格心理学［M］．苏州：古吴轩出版社，2017.

［7］［奥］阿德勒．儿童教育心理学［M］．王童童，译．北京：中华工商联合出版社，2017.

［8］马陆亭，郑雪文．“双减”：旨在重塑学生健康成长的教育生态［J］．新疆师范大学学报（哲学社会科学版），2022,43(01):79-90.

［9］荀悦，徐幹，傅玄．申鉴 中论 傅子［M］．上海：上海古籍出版社，1990.

［10］杭州市上城区人民政府.2021年上城区国民经济和社会发展统计公报［EB/OL］.(2022-04-06)［2022-11-03］.http://www.hzsc.gov.cn/art/2022/4/6/art_1229353259_4028818.html.

第三章
家校政社的交叠协同

上城区从 2010 年开始便依托上城社区教育数字化网上社区“e 学网”开展的线上、线下相结合的区域家庭教育指导。历经十多年的探索，目前的“星级家长执照”已成为杭州市上城区委和区政府领衔、上城区教育局打造的提升区域家庭教育指导服务的综合性项目。

在“星级家长执照”工程的整体架构与有效运作下，上城区汇聚全域力量，实践家校政社交叠协同，各方力量各司其职、各展所长，发挥数字化改革先发优势，共建和谐家庭，同助孩子成长，进而提升居民整体素质，推进社会治理新局面，为全面建设独具韵味的国际化、现代化共同富裕典范城区打下扎实的基础。

第一节
推动保障：政府责无旁贷

在“星级家长执照”工程实施与推进的过程中，政府责无旁贷地起到了推动与保障的作用。正是因为有了政府的有力支持，最大限度地调动和配置资源，“星级家长执照”工程才得以落地生根、枝繁叶茂。

案例 3-1-1 “星级家长执照”工程启动

为了引导家长成为合格家长，今天，由上城区委宣传部牵头，上城区教育局和妇联、团区委、民政局、卫健局、各街道办事处及事业单位等多部门联动，正式启动“星级家长执照”工程（见链接 3-1-1），工程将面向 0—15 岁孩子的家长开展全方位、多形式的教育活动，探索具有上城特色的家长教育社会化运作机制和家长教育指导服务新体系。

链接 3-1-1 上城区“星级家长执照”工程启动

“上城区‘星级家长执照’工程既是传承家庭传统美德、加强家庭文明建设的基础工程，也是推进社区教育、加强社区文明建设的基础工程，应予肯定、给予点赞。”原中国成人教育协会社区教育专业委员会会长陈乃林说。

“我们希望从孩子出生之日起，甚至孩子还在妈妈肚子里时，就给家长提供亲子养育方面的服务。搭建家长教育平台，倡导明责任、乐学习、会倾听、常陪伴的上城好家长理念，推进家长和孩子共同成长。”上城区教育局党委书记、局长项海刚说。陪伴是最好的教育，家长在陪伴孩子的过程中也需要自我提升，上城区想为家长提供这样的服务，优化家庭的育人功能，为孩子的健康幸福人生奠基。

（摘自《杭州日报》2017 年 5 月 16 日报道《爸爸妈妈今后也要持证“上岗”了——全国首创上城区“星级家长执照”工程》）

上述报道显示：“星级家长执照”从启动之始，就是走家校政社协同的道路，而其中政府推动力又是最基础的保障。

一、破局之举：聚合力解困扰，“星级家长执照”应运而生

上城区一贯重视家庭教育，各中小学及幼儿园、各部委办局、各街道办事处及社区居委会都有一些可圈可点的特色活动、亮点经验，如“父母茶座”、家长热线、家庭教育讲师团等，值得介绍与推广。

然而，在“星级家长执照”工程启动之前，上城区的家庭教育指导与服务，和其他区域一样，存在着诸多不足和困扰：

1. 缺乏综合教育能力

当时，家庭教育指导与服务主要是“妇联领导，教育局、卫健局、社区居委会等部门分工协作”的模式，多部门都有涉及而又各施其政，工作分头开展，资源分散重复，没有形成宏观层面的家庭教育格局，无法形成教育合力，导致家长的困惑无法得到有效解决，家庭教育指导与服务低效。

2. 缺乏专业教育资源

经过前期的专项调研，上城区发现全区 70% 以上的家长对孩子的教育充满了困惑，最棘手的四大困难如下：一是不知道用什么方法教育孩子；二是辅导孩子学习力不从心；三是太忙没有时间教育孩子；四是不了解孩子的想法。概括而言，就是家长缺方法、缺能力、缺时间、缺方向。而他们所能寻求到的帮助，主要是来自网络与书籍中的碎片化指导。

家庭教育相关的网络学习资源很多，市面上也有许多家庭教育的书籍。但总体而言，这些资源浩繁、杂乱，专业性、科学性、权威性无法保证，往往一个问题从不同平台、不同书籍中会得到不同答案，导致家庭教育低效、无效甚至负效。

3. 缺乏多元教学方式

妇联、教育局、卫健局、社区居委会等政府部门开展的家庭教育指导与服务大多为公益类，而企业与社会机构开设的大多收费不菲。无论是哪一种，讲座都是其中最重要的形式之一，虽然也包括部分体验式、亲子类活动，但是总体来说形式还是比较单一，无法吸引家长进行持久性学习。

大多数学习活动都是集中式的单向输出，自主学习及同伴互助学习较少，而现代社会许多家长工作生活繁忙，受时间、空间局限，无法实现学习愿望。

4. 缺乏系统学习评价

家长这一群体所受教育程度不一，教育孩子的能力与水平也不一。目前的家庭教育指导与服务比较零散，没有形成系统化、循序渐进的架构。

家长参加了一个或一系列的学习活动后，成效如何、收获与否，都无法得到一个实时的反馈，也没有系统的效果追踪；关于自身教育孩子的能力与水平是否提升，也缺乏动态性评价。总之，家长学习后无法得到一个有理有据的测试与系统化的自我认知。

为了解决家庭教育指导与服务中的这些问题，上城区委、区政府启动了“星级家长执照”工程，汇聚全域力量，借助“星级家长执照”平台（见图 3-1-1），打造了线上、线下相结合的家庭教育一站式指导服务体系，更好地服务上城家长与上城家庭。

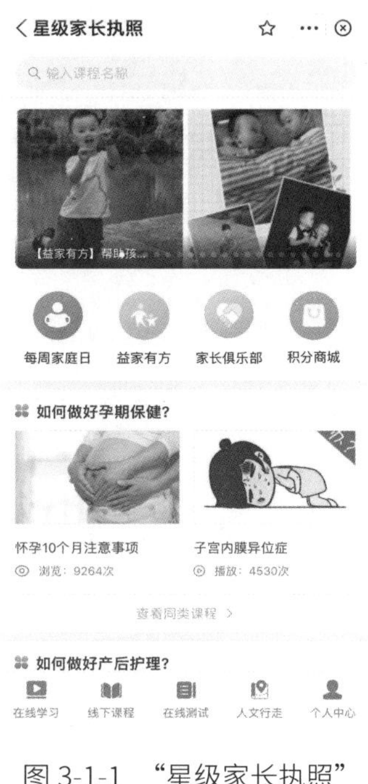

图 3-1-1 “星级家长执照”手机端

二、保障之力：汇资源集力量，“星级家长执照”持续推进

“星级家长执照”工程创新联动了区域内的多方力量，整合了优化家庭教育资源，形成了家庭教育区域合力，从整体上提高了上城区家庭教育指导与服务的品质。

1. 组织有力，三级网络上下贯通

“星级家长执照”工程这一项目从架构之初，就在上城区委、区政府的领导下展开。

2017 年 5 月，“星级家长执照”工程正式启动，上城区副区长参加了启动仪式，作为家校政社中“政”的代表，启动了“星级家长执照”工程。

2017 年 7 月，《杭州市上城区人民政府办公室关于成立上城区星级家长执照工作领导小组的通知》颁布，组织成立了以上城区副区长为组长的“星级家长执照”工作领导小组，区部委办局、各街道办事处的主要领导担任副组长和成员。

2017 年 8 月，上城区“星级家长执照”工作领导小组下发《关于实施上城区“星级家长执照”工程的意见》，成立实施上城区“星级家长执照”工程的领导小组，领导小组办公室设在教育局。上城区委宣传部、文明办、民政局、

卫健局、妇联、团区委和各街道办事处为领导小组成员单位。各成员单位明确责任，各负其责，各尽所能，确保各项工作顺利进行。

《关于实施上城区“星级家长执照”工程的意见》明确提出，通过实施上城区“星级家长执照”工程，整合上城区教育局、民政局、卫健局、妇联、街道办事处等部门的力量，建立区、街道、社区三级家庭教育网络，培养家庭社工专业队伍，研发家长教育专题课程，完善家长教育交互平台，推进家长教育社会化，构建家长教育指导服务体系，打造具有上城特色的“没有围墙、没有边界、没有终点”的学校。到 2020 年，实现以“明责任、乐学习、会倾听、常陪伴”为标准的合格家长全覆盖。

之后，多次在上城区社教委年度会议上进行“星级家长执照”专题研讨；多次召开“星级家长执照”建设项目会议，落实责任主体，明确成员分工，保障经费投入。

同时，聘请省、市级有关专家组成工程专家指导小组，完成工程建设的顶层设计、推进方案，提高工程工作组的业务水平，确保“星级家长执照”工程顺利开展，不断推进。

在教育系统内部，上城区教育局于 2017 年 6 月下发了《关于全面推进“星级家长执照”工程的通知》，架构以课程开发、教学实施、考核跟进为主要特征的家庭教育服务体系，将工程推进纳入学校三年发展规划，引导有序推广。

由此，“星级家长执照”被纳入社会基本公共服务体系，由上城区委、区政府牵头，以教育部门为主体，联动上城区委宣传部、文明办、民政局、卫健局、团区委、妇联等部门及当时辖区内各街道共同开展家庭教育指导与服务，建立并完善了“区—街道—社区”立体化的三级家庭教育网络。

“星级家长执照”工程自 2018 年开始多次被写入上城区政府工作报告：《杭州市上城区政府工作报告（2018 年）》提及“丰富终身教育内涵，成功创建省示范学习型城区，‘星级家长执照’入选全国教育改革创新典型案例”，指出“要深化‘星级家长执照’工程，健全家庭教育联动机制”；《杭州市上城区政府工作报告（2019 年）》指出“‘星级家长执照’工程注册家长 7.5 万人，发放星级证书3.2万份”，肯定其推进工作；《杭州市上城区政府工作报告（2021年）》指出“‘星级家长执照’工程被认定为全国家庭教育创新实践基地”，肯定其成绩。

2017年8月，时任杭州市副市长陈红英作出批示：“家长是孩子的第一任教师，让家长与孩子同成长，是上城区推出‘星级家长执照’工程的理念。望市有关部门积极关注予以指导，帮助完善，也希望有更多的区县（市）积极探索，共同助推家庭教育的新发展。”10月，陈红英再次做出批示，要将上城的“盆景”变为杭州的“风景”，惠及更多家长。

2017年11月，时任浙江省副省长的成岳冲对专报《上城区首推星级家长执照工程　建立家长教育新体系》进行圈阅。

2. 保障得力，运维经费有效落实

在“星级家长执照”运维与推进的过程中，经费的投入是重要保障之一。《关于实施上城区“星级家长执照”工程的意见》明确提出“区实施‘星级家长执照’工程领导小组将定期对相关部门工作进行考核评估，对评估中发现的问题要求督促整改。区教育部门要盘活系统内外各项资源，统筹人、财、物配置，确保‘星级家长执照’工程顺利实施”。

区教育局出台的《关于全面推进“星级家长执照”工程的通知》，更是明确表示“要加强经费支持。上城区教育局支持各基层单位积极推进‘星级家长执照’工程，设立专项经费，保障‘星级家长执照’工程推进中课程建设、活动开展、经验提炼、辐射推广等方面的需要；各基层单位也要统筹预算，确保相关工作扎实有效地开展”。

正是因为有了这些政策保障，“星级家长执照”工程每年至少获得200万元的专项经费支持，用于平台运维与更新、课程建设与推广、人员培训、工程推进等。

2021年，“星级家长执照”获评浙江省教育领域数字化改革第一批创新试点项目，围绕“家庭教育”领域核心业务，系统设计教育治理数字化场景，

打造跨层级、跨地域、跨系统、跨部门、跨业务的典型应用，为教育数字化应用生态体系注入发展动能。为此，上城区教育局在每年划拨专项经费的基础上又追加了200万元，用于平台的迭代升级。

3. 推进发力，家长学习全域覆盖

“星级家长执照”工程自启动以来，在上城区委、区政府的领导下，在区部委办局、街道办事处、社区居委会和各社会组织的共同努力下，逐渐实现了上城区域内全覆盖。

2021年4月，上城完成行政区划调整，由原来的6个街道调整为14个街道，学校数由60多所变为200多所，学生数飙升，家长人数成倍增长。

9月，上城区教育局开始全面实施“星级家长执照”再推进工作，于9月28日召开“星级家长执照”推进工作会议，原江干区所有中小学及幼儿园全部纳入“星级家长执照”推进工作范畴，“星级家长执照”在新上城飞速铺开。

案例3-1-2 全域推进工程，更好服务家长

“星级家长执照”工程是上城教育“十四五”发展十大工程之一，也是浙江省教育领域数字化改革第一批创新试点项目。为全域推进工程，更好地服务上城家长，上城区教育局于2021年9月28日召开了“星级家长执照”推进工作会议。

会议面向原江干区域内中小学及幼儿园的德育副校长、学校管理员。上城区社区学院陈继明院长主持了会议，研究指导中心戚亦平主任介绍了工程取得的成绩及进一步推进的措施与方法。平台总管理员李萍老师从平台登录、线下课程设置、线上资源上传、平台使用统计等方面对100余位原江干区域内的学校管理员进行了实操培训。新管理员们现场进行了实例上机操作，会后主动进行了详细的咨询，表现出了积极推进的热情。

上城区教育局党委委员、义务教育科科长赵坤进一步提出，在“双减”

背景下，“星级家长执照”工程作为家长教育的新载体、好抓手，需要由原上城向新上城全面推进的行动力，各校也应将“星级家长执照”推进工作作为学校德育工作的重要组成部分。

（摘自微学通（上城社教）2021 年 10 月 4 日报道
《上城区星级家长服务工程全域共进》）

会后，不到三个月，“星级家长执照”注册家长人数从 9.3 万飙升到 18.5 万，星级家长人数从 4.2 万飞升到 7.1 万，学习人次也从 130 万猛增到 278 万。

三、创新之作：再起步赴新程，“星级家长执照”提质扩容

在“星级家长执照”工程实施四年多之后，在全区家校政社协同育人机制初步形成的基础上，上城区委、区政府主导下的上城区家庭教育“汇心护航”工程拉开了序幕。

案例 3-1-3 “汇心护航”工程开启家校政社协同育人模式

2021 年 11 月，在上城区终身学习活动周开幕式上，八面旗帜在城市阳台的舞台上飘扬，区教育局、区民政局、区司法局、区卫健局、区检察院、团区委、区妇联、区关工委八家单位协同，启动了“汇心护航”工程（见图 3-1-2），开启家校政社协同育人模式，构建区域立体化家庭教育指导服务体系。

图 3-1-2 “汇心护航”工程启动

《中华人民共和国家庭教育促进法》实施后，上城区作为县域社区（村）家庭教育指导服

务体系标准化建设省级试点城区，开启了一系列全新举措。“建立健全家庭学校社会协同育人机制”“国家和社会为家庭教育提供指导、支持和服务”，上城区第一时间作出了响应。

2022 年 4 月，上城区成立社区家庭教育指导服务中心，并在社区学院挂牌。“中心将在‘汇心护航’工程的指引下，持续完善区、街道、社区（校）、家庭的四级家庭教育网络。”上城区社区学院院长陈继明说。

（摘自《杭州日报》2022 年 5 月 16 日报道《上城家长走上了专业成长快车道　校政社汇心护航　解锁家庭幸福密码》）

“汇心护航”行动是上城区委、区政府为贯彻落实《中华人民共和国家庭教育促进法》并进一步推进全域家校政社协同育人格局而开启的家庭教育创举，是有效整合各部门家庭教育职能、大力推动全社会共同构建家庭教育指导与服务体系的上城范式，是“星级家长执照”工程的演进与深化。

1. 建机制：“汇心护航”联动八方

“汇心护航”工程坚持家校政社协同育人理念，落实联动整合区教育局、区妇联、区民政局、区关工委等八家单位资源，构建了区域立体化家庭教育指导服务体系。

“汇心护航”工程在管理机制上优化形成“‘汇心护航’家庭教育工作组—区家庭教育指导中心—社区、学校、家庭教育指导站—家长”的管理层级；与此同时，八家单位建立联席会议机制和专人对接机制，从工作机制上确保协同育人工程落地生根。

“汇心护航”工程建立健全多元化、多维度的监测评价体系。区教育局、区妇联等单位从家庭教育组织保障、线上线下家长课程资源建设、家庭教育指导活动开展、数字家长学校达标情况、家庭教育研究创新等维度开展对基层学校和社区的家庭教育监测评价；同时开展“最美家庭”“星级好家长”等评优评先活动，以评促建，实现共建共评。

2. 展行动："益家有方"直播 +"四个一"行动

"汇心护航"工程于2021年11月19日启动，此后持续开展一系列特色家庭教育指导活动，以活动为载体，促进家庭教育指导常规化、系统化。

区家长学校通过"星级家长执照"和"微学通"平台精心打造上城"益家有方"线上直播课程，每月月中邀请专家、学者、名校长等做客讲坛，聚焦家长关心热点，通过线上、线下互动，引领家长树立理性的家庭教育观念和科学的教育方法。

2022年4月15日，韩似萍老师为家长带来"'双减'背景下家庭教育的机遇与挑战"的直播课，观看人数达6.9万，评论人次1.1万，点赞人次34.8万。首播获得家长肯定，家长纷纷留言希望开办更多这样实用的讲坛。之后，"益家有方"陆续推出家庭教育相关的线上直播。

抓好"四个一"行动，"一周一案""一月一汇""一季一评"和"一年一节"，积极落实"汇心护航"工程：

每周汇聚区部委办局、家长、学校、社区等多方资源，通过"星级家长执照"和"微学通"平台递送一个鲜活的家庭教育案例，改进家长的教育理念和方法。

每月汇聚区部委办局资源，与全区家长共话美好教育。

每季度开展优秀论文、优秀案例、好家长、好课程等的评比，展示家长学习成果。

每年于5月15日（国际家庭日）所在的一周开展上城区家庭教育节活动，展示区域家庭教育成果，探索家庭教育未来方向。

2022年1月开展了"双减"主题微课与案例评比，挖掘"双减"主题微课200余节，评出"一等奖"17节、"二等奖"23节、"三等奖"41节，丰富了家长的学习资源。

2022年4月落实杭州市家长学校总校关于"学习《中华人民共和国家庭教育促进法》，做新时代好家长"的征文评比，开展案例评比。共收到来自各中

小学、幼儿园的100余篇家长案例。评选出70篇参加杭州市家庭教育案例评比，评出一等奖15篇、二等奖14篇、三等奖57篇。

2022年5月15日—21日，上城区推出区首届家庭教育宣传活动周，营造良好家庭教育氛围，传播科学家教理念。5月15日的区首届家庭教育宣传活动周开幕式由上城区教育局、上城区妇联主办，凯旋街道办事处、凯旋教育集团承办，上城区家长学校总校、上城区社区家庭教育指导服务中心协办。开幕式以直播形式吸引了5.4万人观看，获得30.6万人次点赞。人民网、中国教育在线、杭州日报、杭州教育等多家媒体对开幕式进行了报道。

家庭教育活动周系列活动得到各中小学、幼儿园的热烈响应。各校以“亚运宋韵齐喝彩，协同育人向未来”为主题，开展了丰富多彩、形式多样的家庭教育活动。整个活动周期间共收到来自100多所学校的120余场活动的有关材料，并评选出“家庭教育活动周十大最精彩活动”。

“星级家长执照”工程以及由它延伸而出的“汇心护航”工程，有效整合了各类公共教育资源，优化了教育资源的供给形式，形成了物力、人力、信息等资源高效整合、共建共享的良好格局，实现了教育资源的最优化，避免了重复建设、缺位错位等问题，助力教育从“管理”走向“治理”。《杭州日报》对上城特色化的“汇心护航”工程进行了专版介绍（见链接3-1-2）。

链接3-1-2 《杭州日报》报道“汇心护航”

第二节
培基固元：共建单位不遗余力

“星级家长执照”工程多方联动，探索“具有区域特色的家长教育社会化运作机制”和“家长教育指导服务体系”，成效显著，屡获殊荣，实现了区域全覆盖，影响力辐射全国，引起了媒体广泛关注，为各级政府主导下的系统化家庭教育的建构与实施提供了可借鉴的经验，在全国属于首创。

“星级家长执照”之所以能够取得如此成绩，除了上城区委、区政府大力持外，还依托共建单位不遗余力地全情投入。

一、同构机制：不同的部门做同一件事

“星级家长执照”能在上城首发，且不断前探、做强，有一个重要的原因是上城终身教育的协同机制比较完善。简而言之，在关乎终身学习、关乎助力人民学习共享与精神共富的问题上，上城区的不同部门、不同单位能够齐心协力做好同一件事。

案例 3-2-1 上城区社教委工作会议研讨“星级家长执照”

3 月 31 日，2017 年上城区社教委工作会议暨“星级家长执照”工程实施研讨会在区政府会议室隆重召开！

“星级家长执照”工程为 2017 年上城区系统民生工程，并被区政府确定为 2017 年度特色创新项目。区文明办主任薛晓渝同志主持讨论了工程实施议题，强调了家庭文化是社会文明传承之基，家长教育是社会稳定之根，家庭教育对未成年人成长具有“决定性价值作用”和“预防性社会功能”。讨论伊始，由社区学院滕璎老师整体介绍了“星级家长执照”工程的实施情况，各社教委成员积极响应，充分发挥人才集聚、智力密集、联系广泛的优势展开了充分的讨论。区社教办主任项海刚同志就各部门联动促进家长提高孩子的教育观发表感想，希望上城家长合格上岗，为各位委员的讨论开了个好头。区妇联代表提出了三点体会，一是落地宣传发动的统筹；二是教育资源的统筹；三是结果运用的统筹。区卫健局表示这样的提法很新鲜，通过社教提高家长的素质，“星级家长执照”是载体的创新，要从优生优育开始和区民政局联合提高参与度。区民政局表示提议非常好，家庭教育如何实施、课程如何设置，如何在孩子上学后继续在文化课程之外提高家长的理念与价值观，宣传好落实好，要从自己开始学起。副区长毛素云对委员们提出，希望大家回单位结合自己的实际工作，就“星级家长执照”讨论稿提出意见和建议。其他的代表也从自身的工作特点出发发表了意见和建议，并表示在会后进行认真学习，仔细研讨。

（摘自上城社教微信公众号 2017 年上城区社教委工作会议报道《创新转型　拉高标杆　“星级家长执照”工程实施研讨》）

上述案例中提到的上城区社教委工作会议，是一个有效联动多方力量开展终身教育的机制，因为上城区部委办局、街道办事处、社区居委会，以及一些重要的企事业单位、社会组织，都是上城区社教委的成员单位。“星级家长执照”的实施与推进，上城区社教委起到了很大的作用。

提升家长素质，教育部门当然责无旁贷。但我们知道，家长整体素质的提升是一个长期渐进而又综合繁复的工程，属于教育公共服务的范畴，仅仅依靠教育部门的全力投入是远远不够的，必须形成一个全社会投入、多部门联动的支持与运作体系。

《关于实施上城区“星级家长执照”工程的意见》明确提出，家长教育工作是一项系统工程。上城区要坚持政府主导、社会联动，积极探索教育部门主推，区委宣传部、文明办、民政局、卫健局、妇联、团区委、各街道办事处等相关单位全面协同、专业机构全程引领、社会力量全力支持的家长教育跨界联动模式。

其中，教育局作为主力，不仅要推进教育内部联动，把“星级家长执照”工作开展情况纳入校长执行力考核，也要推进教育内外联动，区域内部委办局、街道社区责任落实、分工明确，企事业单位与社会组织也彼此沟通、积极参与，成为助推“星级家长执照”平台家长教育的重要力量。

例如，教育部门联合民政部门推出《幸福家　幸福 +》社区婚姻教育学习课程（见图 3-2-1），共同打造上城幸福家庭密码，深入街道社区，夯实家庭教育基础；完成家庭教育驻校、驻社区社工专项培训，为“星级家长执照”储备能实现区域共享、能服务于社区居民的个性化家庭教育师资力量。

正因如此，“星级家长执照”工程以“教育社会化、社会教育化、教育终身化”为方向，构建“学校—家庭—社会”三者结合的家长教育网络，从整合、共建家长教育资源，共建、共推家长教育学习平台，为实现教育资源最优化、教育效益最大化奠定了扎实的基础。

图 3-2-1 《幸福家　幸福 +》课程

二、合建资源：专业的人做专业的事

持有“教师做家庭教育指导工作是简单方便的”这样的错误认知的人不在少数。其实，家庭教育指导具有很强的专业性，需要大量专业的人才，一个好教师不一定是一个合格的家庭教育指导者、服务者，教师在家庭教育指导工作上可能有一定优势，但必须进行专业培训。

在家庭教育的许多方面，如孩子的健康教育、孩子的心理疾病等，卫生与健康领域的专家和具有心理咨询资质的专业社工等都比教师更为合适。

案例 3-2-2 家校社协同推进孩子成长

资源整合，建设基层服务平台。将街道社工站、未成年人保护工作站、社会组织服务中心融合共建，探索“三嵌入三融合”发展路径，打造条线项目嵌入、业务资金嵌入、人员力量嵌入，工作场地融合、人才培养融合、服务体系融合的综合服务平台，建立“1+14+N”儿童服务网络，即在1个区级儿童福利指导中心指导下，以14个街道的社工站为平台，联动N所学校+N个家庭+N个社区，促进家校社密切协作，提升儿童保护和服务的实效。例如，南星街道社工站结合辖区11所学校（中小学、幼儿园）、多家儿童服务机构和党建共建单位的资源，打造“和娃娃”童读馆，培育“益星荟·童欣”品牌，共育家校社融合发展新生态。

专业发展，深耕家校社三大场域。以《上城区学校社会工作发展书》为导向，与杭州师范大学紧密合作，深入开展驻校社工服务，打造学校社会工作实践基地。发挥街道社工站的专业优势，成立全省首个儿童社会工作专门委员会，发布《儿童社会工作操作手册》，打造测评诊断、个案管理、家庭治疗和社会支持的服务闭环。发挥社区社工站的落地优势，推动驻站社工、驻校社工及社区社工组团服务，开展家长互助会、亲子成长营等活动，嵌入家庭社会工作、儿童社会工作、社区工作方法等内容。

2022年3月,区民政局联合九堡街道社工站开展学校社会工作圆桌会,聚焦儿童发展存在的问题和紧迫需求进行研讨,并制定行动方案。

(摘自上城民政微信公众号2022年6月1日报道《家校社多方协同 筑梦共富伴成长》)

“星级家长执照”工程汇聚的各种专业力量,从上述案例可见一斑。

专业的人做专业的事,能够让家庭教育指导与服务更具专业性与实效性。这一点尤其体现在“星级家长执照”的课程建设方面。而系统化、专业化的家庭教育课程正是星级家长执照的优势之一。

对于家庭教育,上城区妇联、教育局、卫健局、街道办事处、社区居委会等部门都有所投入,也都拥有许多线上、线下课程。原本这些资源是各自为政、分散重复的,在“星级家长执照”联动机制下,组建了集教育、医疗、文化等多元力量的家长教育指导团队与师资队伍,汇聚了原本分散的资源,共享于平台(见表3-2-1)。同时,依据家长需求、孩子阶段发展特点、区域特色等,各部门各展所长,联合开发新的家庭教育资源,不断充实平台课程。

表3-2-1 星级家长执照课程研发联盟线上课程研发情况

所属年龄阶段	课程数量/个	提供单位
0—3岁阶段	508	区委统一战线工作部、区委宣传部、区教育局、区妇联、区民政局、区卫健局、区司法局、区检察院、团区委、区关工委、湖滨街道办事处、清波街道办事处、小营街道办事处、望江街道办事处、南星街道办事处、紫阳街道办事处、闸弄口街道办事处、凯旋街道办事处、采荷街道办事处、四季青街道办事处、笕桥街道办事处、彭埠街道办事处、九堡街道办事处、丁兰街道办事处、中国美术学院、浙江大学医学院附属第一医院、浙江大学医学院附属第二医院、上城区政协文史研究会等
3—6岁阶段	533	
6—9岁阶段	328	
9—12岁阶段	262	
12—15岁阶段	260	

应该说,在“星级家长执照”工作机制下,课程建设真正做到了“专业的人做专业的事”:教育系统主抓与教育相关的家长课程,名校、名师、名校长倾情投入;妇联提供家庭关系课程,主推和谐家庭建设;公安部门长于安全

类家庭教育课程，案例丰富、实操性强；卫健、医疗的有关部门与单位拍摄并开设养护课程、健康课程，权威性强、科学性强。

"星级家长执照"提倡线上学习与线下培训相结合。基础在学，落实在做，因此我们鼓励家长多参加线下实体化培训，通过实境化互动、有针对性地研磨，更好地提升实操能力。而在这一点上，"专业的人做专业的事"的作用与意义就更为明显了：各校的青春期孩子引导、亲子关系疏导等主题沙龙红红火火，社区学院开设的非遗文化亲子讲座场场爆满，公安的公民警校假期演习式安全教育吸引了大批家长（见图 3-2-2），社工专业化的心理健康教育、心理咨询帮助很多家长解了燃眉之急，妇幼保健医院推出的婴儿抚触、儿童营养等实操训练和讲座很受家长欢迎，街道、社区把家庭教育讲座与活动送到居民身边（见图 3-2-3），社会组织开设的亲子攀岩、亲子创意等活动家长报名踊跃。

图 3-2-2　公民警校开展线下亲子活动

图 3-2-3　社区开展的亲子体验活动

专业的人做专业的事，从根本上确保了"星级家长执照"平台教育资源、课程活动的科学性、专业化。

三、共推平台：不同的方式做相同的事

"星级家长执照"汇聚了上城区部委办局、街道、社区、企事业单位、社会组织等多方力量，大家共建课程、共推平台，用不同的方式做着相同的事，虽然形式不一，但是方向一致，实现着家校政社协同推进家庭教育的目标。

案例 3-2-3 推进上城区家庭教育高质量发展

不断完善区妇联、区教育局、区卫健局、区民政局等家庭教育成员单位的服务支持体系，做好“成长热线 81312345”服务，提供家庭教育咨询。多部门联动举办“家庭教育上城说”系列讲座，邀请名校长名老师主讲“立德树人”“健康成长”“幼小衔接”“安全保护”等好做法，以专家视角解读家庭教育丰富内涵。区妇联开展新冠疫情防控期间孕产妇防护知识宣讲，并引入锦麟公益、同心博爱、绘生活等专业社会组织，落地社区，深入开展家庭教育实践活动 38 场次，推动广大家长与孩子们用爱互相滋养、实现共同成长。区妇联、区卫健局、相关街道联合传播宣传 0—3 岁幼儿家长科学育儿知识。各街道、区妇联结合“喜迎亚运”“学党史润童心”“关爱困境儿童”等主题，开展各类家庭教育活动。2021 年，全区共开展线上、线下家庭教育宣传活动 249 场、家庭家教家风巡讲 28 场、亲子阅读活动 143 场，服务累计覆盖近 6 万人次。

依托“星级家长执照”，进一步彰显“学习”特色。锚定培养“明责任、乐学习、会倾听、常陪伴”上城好家长目标，推深做实、序时推进杭州市数字化改革项目——“星级家长执照”工程。依托线上、线下多元家教平台，进一步彰显“分享”特色。秉持“家长也可以成为家庭教育优质资源”理念，成立“星级家长俱乐部”，创设“五星级家长”微信群，定期组织开展学术沙龙、艺术鉴赏、亲子研学等活动，使家长们线下能见面、组织有归属、经验能分享、研修有动力。区教育局、区妇联联合开展寻找“百名星级好家长”活动，引导更多家长分享成功的育儿经验、生动的育儿故事、有趣的亲子游戏等，不断提升家庭教育理念、知识与能力。举办“星级家长执照”课程推进研讨会，金都天长小学家庭教育指导站站长等 4 人分享经验，有效提升全区家庭教育指导团队整体素养。

（摘自上城区妇联《赋能上城家长　推进精神共富 全力推进上城家庭教育高质量发展——2021 年上城区家庭教育工作总结》）

2022 年“星级家长执照”平台有 6 名专职平台管理人员，他们均拥有较高的专业水平和多年从事相应培训管理的经验；此外还形成了一支 300 余人的平台运维队伍，充分展现“区域协同”特色，成员多元，来自区部委办局、街道办事处、社区居委会、中小学及幼儿园和部分民办组织，共同承担着平台运维与推广、课程规划与建设、队伍建设与管理等职能（见图 3-2-4）。

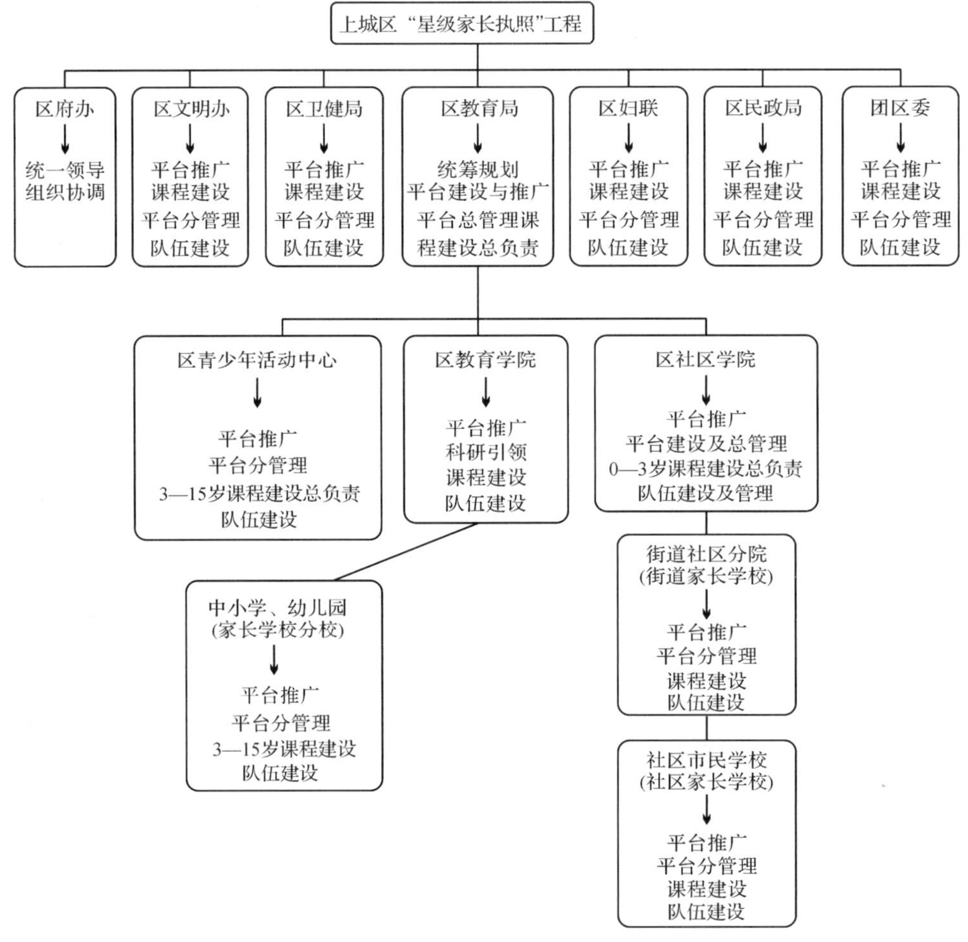

图 3-2-4　“星级家长执照”工程组织架构

妇联体系中的街道、社区的家长学校的负责人，均为“星级家长执照”平台管理员，每年参加相关培训。

在上城区域内，“星级家长执照”平台的宣传是全社会的事。民政部门从婚姻登记开始便推荐“星级家长执照”平台（见图 3-2-5），卫健部门在孕产期检查过程中全程推广平台，街道、社区在计生宣传访问时把平台宣传与推广送入千家万户，教育部门则在入学前的家访中就明确提出“星级家长执照”平台学习的意义和要求。

图 3-2-5　婚姻登记处向新人推荐“星级家长执照”

在上城区，准家长从婚登、孕检开始便可在“星级家长执照”平台进行有针对性的学习，真正为家长提供了从孕前到中学的一站式家庭教育指导与服务，有效地推进了家长自主学习和有效学习的愿望，为孩子成长与家庭幸福奠定了基础（见链接 3-2-1）。

链接 3-2-1
上城好家长

有了不同部门的参与，课程建设也就有了不同的主体。各部门从不同维度对育儿知识进行操作性阐释和演绎，即使是同一主题的内容学习，也因为视角不同而具有丰富性。

同时，“星级家长执照”的“1+X”激励办法也是区域协同的体现，除“1”（一张“星级家长执照”）是由家长自主学习、自动获得外，“X”展现了区域内部委办局、街道、社区等的合力：有合力提供的评优评先，如“星级好家长”（教育局）、“学习型家庭”（街道办事处）、“最美家庭”（妇联）等诸多荣誉；也有合力提供的学习机会，如免费参加亲子非遗体验活动、高级别专家讲座等。

区域联动，让家庭教育成为全社会的事；区域联动，让“星级家长执照”工程充满生命力，也确保其可持续发展。“星级家长执照”是区域联动的产物，是区域联动的硕果，它全面提升了上城家长在育儿理念与育儿素养方面的水平。

第三节
众手共襄：社会行动惠及万家

⊙

家庭教育是全社会的事，《中华人民共和国家庭教育促进法》已明确了这一点。而在杭州上城，全社会倾情投入家庭教育指导与服务的场景，在“星级家长执照”工程实施与推进之时，就已成为常态。

一、广泛发动，汇聚多方社会支持力量

方向一致，再小的力量也是一种支持。“星级家长执照”工程从启动之初就广泛发动、汇聚起多方的社会支持力量。在经济富裕、文化繁盛、教育发达的上城区，许多个人与社会组织都热衷于公益事业，尤其是教育公益事业。良好的社会环境为“星级家长执照”工程的建设与推进提供了有力支持。

在平台建设之前，广泛对家长、学校老师、家庭教育专家、平台建设技术人员等开展调研，征求意见与建议。

在课程建设中，汇聚全区教育精英，诚邀区内、市内、省内乃至全国著名的

医疗专家、育儿专家、特级教师、名师名校长，成立开发团队，原创微课脚本，专业团队制作，家长、学生参与（见图 3-3-1），引导家长们在品读上城家教故事的过程中学会家庭教育。

图 3-3-1 “星级家长执照”线上课程建设

同时，吸纳上城区社区优秀教师组成家庭教育志愿者队伍，为线下课程的开课做好人力资源储备。而上城区现有的数百个终身学习体验基地、匠心工作室，均成为“星级家长执照”线下课程资源的助力。

再者，充分发挥上城区“宋韵文化传承核心区”的优势，与南宋皇城遗址、德寿宫遗址以及辖区内博物馆、名人故居、美术馆等场馆合作组成公共文化资源集群，作为线下课程实施点以及“人文走读”学习点。

许多社会组织提供的线下课程，具有很强的专业性，非常贴合家长的需求，受欢迎程度与家长满意率都较高。

案例 3-3-1 “优家学堂”公益早教课堂

0—3 岁是终身教育的开端，该年龄段的孩子是社区教育的重要目标人群。为了更好地实现信息互通、资源集聚、品牌引领，提供普惠性、专业化的公益早教服务，2019 年，上城区社区学院联合小营街道、学悦社会组织以及辖区内 9 所幼儿园，立足家长和孩子的需求，开设“优家学堂”公益早教课堂，回应市民对美好教育的需求。通过与省三优中心、区卫健委、区妇幼保健院等相关部门以及社会组织的横向联动，初步建立了一支三优指导师资队伍，队伍为开展各类早教服务、咨询等做好智力支持。同时，早教基地联络员兼任早教指导员，提供了多项智力支持。通过“星级家长执照”和“杭州上城社教”的微信公众号平台发布活动信息、报名通知，从而吸引家长线下参加亲子早教课堂、家长讲座等。全年共推出 50 场早教服务，1800 余人次受益，人群覆盖 20 余个社区，该项服务的满意率达到 100%。

（钟小琳老师　杭州市清荷幼儿园）

除了“星级家长执照”课程建设以外，在平台运维中，也有社会组织的成员作为平台管理员，参加相关培训与学习，拥有发布线上、线下课程的权限。他们和学校管理员一起，梳理已有的、可共享的家庭教育相关课程与活动，在学习平台进行登录、上传，确保平台顺利运作；同时也和学校管理员一起，进行平台的宣传与推广，共享工程成果。

同时，上城区进一步开展“家长即资源”系列化实践：汇聚家长力量，建设线上、线下的家长课程，搭建家庭教育经验交流、共享平台，使家长成为“星级家长执照”优质资源的重要提供者；成立上城区“星级家长俱乐部”，凝聚优质家长资源，开拓家庭教育学习新路径；实施家长学校校长轮值制，星级家长轮流担任街道、社区、学校的家长学校的校长，在家庭教育指导和服务工作中承担更大的重任、实现更深的参与。

上城区的“星级家长执照”工程立足于学习者个性化、多元化的需求，整合起区域内各部门、院校、街道以及社会个体、社会组织的力量，众手共襄，达成共识，共建共推共享“星级家长执照”家长学习平台，统筹开发社会学习资源（见图 3-3-2），从根本上实践与推动了教育治理与社会治理，有力地推进了精神共富。

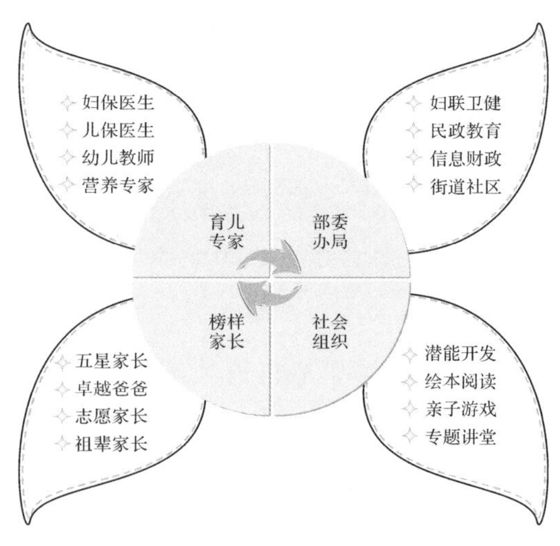

图 3-3-2 “星级家长执照”线上课程建设

从另一个方面来说，这些社会个体、社会组织参与“星级家长执照”工程，在为家长提供优质家庭教育指导与服务的同时也发展了自我。同时，随着“星级家长执照”平台辐射力和影响力的扩大，这些提供线上、线下课程的社会个体和社会组织也提升了自身的专业地位和影响力。

二、各展所长，提供特色化专业指导与服务

孩子的成长是一个漫长的过程，期间家长需要具备的知识、能力与素养是多方面的。这就导致了一个问题——现有特色化、专业化亲子课程的开发与实施远远不能满足家长的需求。

案例 3-3-2 非遗传承人和学生、家长一起习茶礼

作为杭州市“一校一品”非遗课堂示范点，杭州市紫阳小学的“宋代点茶”已经深入了广大师生和家长的心中，在杭城也享有美誉。非遗传承人徐南眉老师多次来到杭州市紫阳小学，和“绿芽”茶艺社的学生、家长一起习茶礼，一起学茶道，一起品悟人生。很多家庭积极融入学茶，家长和孩子一起采购茶具，一起在家里阅读《茶经》，孩子向父母敬茶，父母给孩子讲茶的文化，一起讨论茶点制作，其乐融融。

在径山寻茶项目化研学活动中，学生、家长来到实地场景中，一起感受国内外驰名的径山茶文化，了解“茶圣”陆羽、径山茶汤会、径山古道的历史，在体验性活动中培养人文底蕴、责任担当、实践创新等核心素养。

亲子茶艺展示也如火如荼地开展，激励孩子们更好地传承文化，从小树立文化自信。小茶人们与父母一起参加中国（杭州）宋韵文化论坛、杭州市宋韵文化运河茶事节、南宋斗茶会等一系列的茶文化推广活动，不仅在比赛中屡获佳绩，而且增进了亲子感情，培养了高尚的情操。

以茶示礼、以茶润心，以茶养德，人民政协报、省委宣传部“天目新闻”

等媒体对家校一体的非遗实践进行了连续报道，在非遗传统文化的熏陶下，紫阳的非遗——“宋代点茶”已飞入千家万户，茶香四溢！

（吕淑敏老师　杭州市紫阳小学）

如案例 3-3-2 所述，正是因为有了“星级家长执照”，许多有志于公益教育活动、具有家庭教育相关知识与技能的社会组织或个人汇聚在了一起，各展所长，为学校开展亲子活动助力，提供特色化、专业化的家庭教育指导与服务。

案例 3-3-3 驻校社工参与家庭教育指导与服务

我在上城区担任驻校社工。在学校里，我遇到了很多存在各种问题和拥有许多烦恼的孩子，他们的问题和烦恼绝大多数与家长有关。社工可以从不同层面进行家庭教育的赋能。

在预防层面上，我在校内与学生们进行充分讨论，调查需求后，拍摄了家庭教育的系列短片，通过学校的渠道，帮助家长们更好地处理在家庭教育中遇到的问题。

在干预层面，作为专业社工，在校内，我会从青少年朋友的角度倾听他们的需求，同时评估并制订相应的介入方案，进行持续的介入。

我还利用学校拓展课的时间，开展学生人际交往主题的专题讨论，汇总他们与父母的沟通中存在的问题，寻求解决方法，改善家庭中的沟通问题。

当遇到家庭教育资源或者支持缺乏的情况时，我会主动联系社区，协助家庭建立在社区内的相关支持系统，促使其有足够的能力去处理遇到的问题，达到“助人自助”的目的。

所以，尽管我的日常是在学校的场域服务学生，但实际上，我还需要经常与社区和家长联系。

（王梦怡　湖滨街道驻校社工）

这是一个驻校社工提供的工作案例，作为一名专业的心理咨询师，她参与了“星级家长执照”工程，成为线下课程的提供者，用专业力量帮助有需要的家长，成为家庭教育强有力的补充。

实际上，许多社会组织与志愿者提供的家庭教育指导与服务各有其特点与优势。它们往往更不受束缚、更不拘泥于模式、更活泼、更具时代感，也因此更加吸引孩子与家长，其中有些课程非常专业，指向性明确，弥补了学校家庭教育指导与服务的不足，因而深受欢迎。如图 3-3-3 所示的“准妈妈课程”就是由上城区某社会公益组织邀请专业的医护人员为准妈妈开展的育儿知识传授课程。这种专业人员面对面讲解、手把手指导的方式，极大地提升了准妈妈的育儿水平。

图 3-3-3 “准妈妈课程”

三、规范运作，实施严格准入与统一审核机制

大量的社会个体、社会团体汇聚力量参与“星级家长执照”线上线下课程建设、平台运维、平台推广，成效显而易见。

“星级家长执照”逐渐实现了覆盖上城、辐射全国，也成为上城区家庭教育的“金名片”。其所倡导的“与孩子共成长”理念成为无数家长的共识。“星级家长执照”推出的线上、线下课程，活泼而生动，如案例 3-3-4 中的系列线下亲子课程，深受家长与孩子的喜爱，部分主题课程甚至成为家长热追的“网红课程”。

案例 3-3-4 线下课程申报单

线下课程的主题：童心匠作（从中国传统文化中提炼有代表性的活动主题，例如：篆刻、扎染、陶绘）。

线下课程的目的：走进中国传统文化，让家长和孩子体验一次艺术文化之旅。

线下课程目标人群所属年龄阶段及参与人数：幼教阶段（3—6 岁），小学低中段（6—9 岁），小学中高阶段（9—12 岁）。参与人数为 20—50。

线下课程的时间：春秋季开学期间为周五下午 3 点半到 5 点，寒暑假期间另行安排。

线下课程的地点：复兴街、海月桥、美政桥、馒头山、白塔岭、近江东园、梅花碑、清泰门等地的服务点。

线下课程的过程：通过多媒体、实物等激发孩子兴趣。在授课过程中家长和孩子互动，积极参与主题讨论，组织知识竞赛，最终通过实践体验中国传统文化的魅力所在。

线下课程的效果及思考：课程的主要内容是体验和传播中国传统文化，感受其无穷的魅力。课程开展以来，受到了家长和孩子的一致欢迎。在活动过程中也有一些值得我们思考的地方，例如：怎么才能更好地传播传统文化？在后面的体验项目中亲子互动环节怎么才能更有趣味性？

（杭州市上城区南星街道海月桥社区学悦青少年服务中心）

凡事有利有弊。“星级家长执照”进入了高位发展期，而且有越来越多的社会个体、社会组织参与进来，后续应如何保持其规范运维？这引发了我们的思考：一些个人与社会组织缺乏课程建设的经验，如何保证他们所开设的线上、线下课程的质量？一些社会组织有营利的需求，可能会在开设的线下课程中插入收费项目或者植入广告，该如何避免这类事件发生？

首先，要明确“星级家长执照”平台是完全公益性质的、免费的，所有的个体和社会组织要参与线上、线下课程，必须先提交承诺书——承诺所有课程都是免费的、无广告的。

其次，个体和社会组织需要在平台上传资质证书，提交师资证明等材料。只有这些材料齐备，并且通过平台审核，才能成为“星级家长执照”体系中的一员。

再次，开设线下课程前，个体和社会组织要向平台申报。申报内容包括课程主题、课程目的、课程目标人群所属年龄阶段及参与人数、课程时间、课程地点、课程过程、课程亮点与特色等。“星级家长执照”的阶段管理员审核通过后，这些课程才能出现在平台上供家长选择。

最后，为了确保承诺得到执行，课程质量得到监管，平台还会向参加完学习的家长随机发放调查问卷，询问是否有收费、广告等问题，调查课程质量，了解课程开设的相关情况。

每年的“星级家长执照”管理员研讨与培训，也会有社会组织管理员参加（见图 3-3-4）。他们在会议上分享的成功经验，对学校管理员线下课程的设计与开展具有很大的启发性。

图 3-3-4　社会组织管理员分享线下课程经验

“教育社会化、社会教育化、教育终身化”，“星级家长执照”工程始终实践着这一发展目标。

通过“星级家长执照”工程，“家庭教育是全社会的事”得到了落实，真正实现如表 3-3-1 所示的几项功能，家校政社协同推进家庭教育的上城模式逐步形成并迈向成熟。

表 3-3-1 “星级家长执照”工程实现功能

实现功能	解释
服务参与者一体化	学校教育、社会教育、家庭教育三位一体形成合力，共同参与项目，凝聚成统一团队
服务对象一体化	服务对象总揽 0—15 岁孩子的家长及对家庭教育感兴趣的所有人群
服务内容一体化	以学习者的需求为导向，开发设计教育项目，不断丰富与充实学习内容，满足家长群体学习需求，使参与者学有所得
服务形式一体化	充分利用现代信息技术，顺应“互联网 +”发展趋势，将移动学习、网络学习、在线学习与传统的现场教学相结合，通过多元的交互式学习体验，实现线上、线下相融合的一体化教学

参考文献

[1] 吴小叶．家长教育素养：现状、问题及其原因分析[J]．成人教育，2015,35(7):60−62.

[2] 陈瑶．混合学习理论下成人教育教学模式的探索[J]．中国成人教育，2017(5):93−95.

第四章 数字赋能平台的创设

“星级家长执照”以联通主义学习理论为平台创设理念，将学习过程进行解构，形成由线上课程、线下课程、考核数据、亲子陪伴、线下学习点、电子地图、星级获取、执照颁发、学分兑换等数据源汇聚而成的学习数据归集，通过科学的大数据分析实现核心数据下探，初步实现以家庭为“颗粒”的区域家长学习“画像”，对家长在教育投入，学生学业负担和自身知识、理念、方法提升等方面作出正确的引导。

此前，“星级家长执照”入选浙江省教育领域数字化改革第一批创新试点项目，依托数字化改革赛道，成功区域立项，上架浙里办，成为浙里办 APP 上的高频应用，同时启动整体升级计划，通过全域调研、平台课程提质、线下陪伴强化，家长数字学习空间不断完善，已实现区域数字化家校全面覆盖、家长成长支持服务全速运营。“星级家长执照”满足社会对学习资源多元均衡的需求，是精神领域“共同富裕”的系统化探索，为促进教育公平贡献了上城智慧。

第一节
联通育人：平台设计的整体要义

⊙

乔治·西蒙斯在《联通主义：一种数字时代的学习理论》一文中系统地提出了“联通主义”的思想，认为学习不是一个人的活动，而是连接专门节点和信息源的过程。这是适应当前社会结构变化，经由数字化学习环境而产生的新的学习模式：以个人为起点，将个人的知识体系进行梳理，形成认知体系并经由网络编入一个由更多相同知识诉求的知识矩阵中，以知识为导向连接各种相关的组织与机构，各组织与机构的专业知识经由知识矩阵又被回馈给个人，提升个人继续学习的积极性。

家庭教育开启的是人生第一课，是所有教育的起点与基础，关乎人民幸福、社会进步。而聚焦育人导向，以全域协力、全周期认证、全时学习、全面覆盖、全方位服务作为核心指标的“‘星级家长执照’家长成长数字学习空间系统”与联通主义学习理论有很高的契合度。因此，平台以“联通育人”为导向进行了顶层规划与功能设计，形成了基于平台应用端与后台服务保障的业务协同模型，达成平台设计的整体要义（见图 4-1-1）。

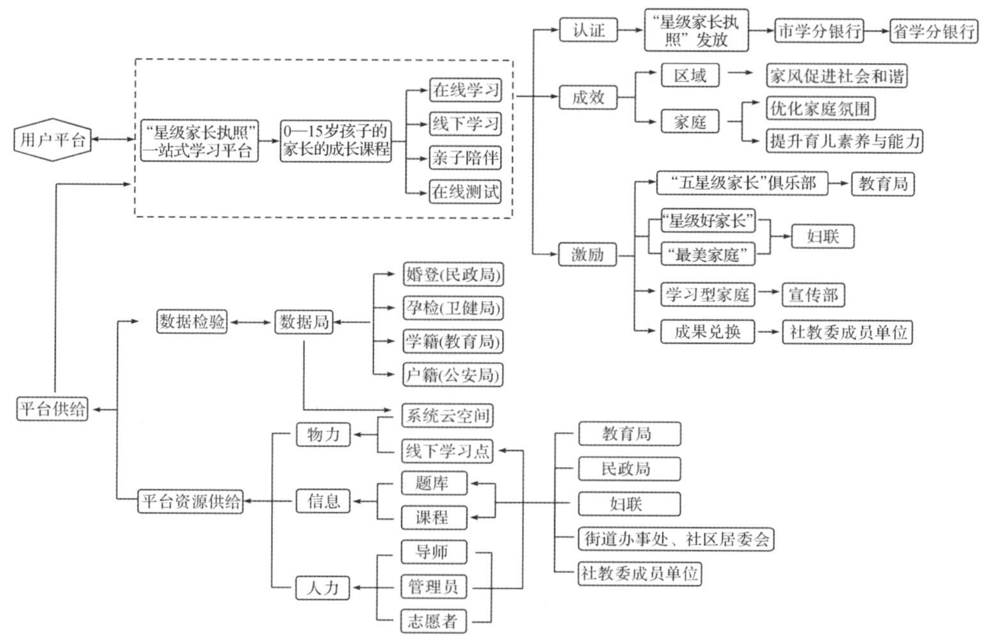

图 4-1-1 "星级家长执照"平台业务协同模型

一、汇聚全域专业力量，协同联动实现资源最优化

根据以个人为起点、连接组织与机构、最后回馈给个人的学习理论框架，"星级家长执照"平台以"教育社会化、社会教育化、教育终身化"为方向，以解决家长家庭教育痛点为发端，实施政府全力主导、教育部门主动推进、相关单位全面配合、专业机构全程引领、社会力量全力支持的家庭教育联动体系。以跨部门联动为载体，横向整合宣传部、教育局、民政局、卫健局、街道办事处、社区居委会、民非组织等的学习资源，纵向自婚登、孕检延伸到初中，打破空间、时间壁垒，发挥人才汇聚、协同共建、资源共享的优势，实现机制创新。

1. 实施多力合一的课程建设与平台推进机制

吸纳更多的单位与组织共同参与家庭教育服务，不断完善家庭教育公共服务体系；在平台管理和课程开发等诸多方面，进一步聚集区域内优质的教育、医疗、文化等多元力量；深挖原有的分散在各部门、各主体的家庭教育资源，共享于平台；宣传部从文化建设、民政局从婚姻登记、卫健局从孕产期检查、教育局从入学前家访、文明办从家庭文明构建、妇联从家风家规建设、公安局从儿童安全教育、街道办事处和社区居委会从妇女儿童服务阵地打造等不同角度实现多样供给。

2. 推进学习成果激励机制

组建学习激励联盟，共同打造奖品池，制定家长参与各类学习与活动的积分方案，开发兑换奖品功能，激发家长学习动力，提升平台影响力。

3. 形成评优评先联动机制

形成积分互认与归集，区域同向共进。如与宣传部联合评选学习型家庭、与妇联联合评选“最美家庭”、与街道办事处联合评选“星级好家长”等，持续引导准家长与家长参与学习，形成家庭教育中家庭、学校、社会“三力合一”。

二、“V”字型架构星级家长成长模型，实现五星五阶学习认证

根据新时代家长的素质要求，上城好家长专业素养以“明责任、乐学习、会倾听、常陪伴”为核心，强化“知行合一”。根据0—15岁人群的成长周期，确立“星级家长执照”认证体系，分为五个阶段，每阶段设五星级。为实现五星五阶全周期学习认证，根据数字化改革“V”字型架构（见图4-1-2）针对星级家长成长模型进行了拆解和重塑。

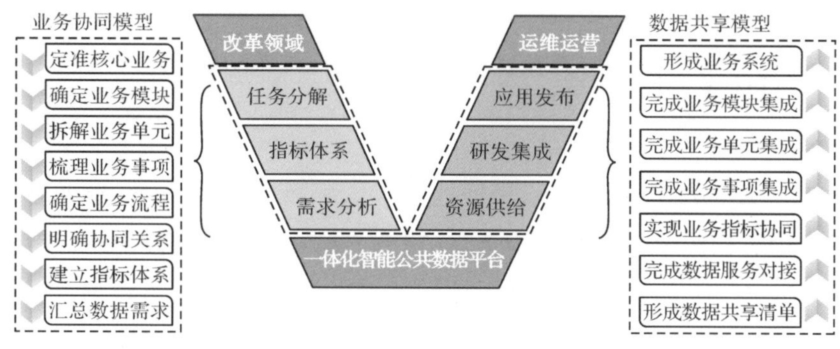

图 4-1-2　数字化改革“V”字型架构

“星级家长执照”平台的核心业务可分解为“在线学习”“线下课程”“在线测试”“个人中心”四大模块:

(1)“在线学习”经过拆解梳理, 由分阶段资源（音视频、电子书、文档、图片、课程等）上传、课程点播可控计时、轨迹记录、积分赋值结算组成。

(2)“线下课程”经过拆解梳理, 由培训点地图导航、课程发布、在线报名、名单核验、数量限制、身份权限赋能、课时发布、扫码签到、课程评价反馈组成。

(3)“在线测试”经过拆解梳理, 由命题上传、随机组卷、题库派发、答案校验、测试评分、测试监控组成。

(4)“个人中心”经过拆解梳理, 由注册登记、身份关联、积分统计、客服应答、证书发放、消息中心组成。

四大模块共同完成家长一站式学习的数据协同、流程实现与服务提供。

另根据家长家庭教育通识类服务所需, 设立可以跨阶段面向全员的“益家有方”“家长俱乐部”“积分商城”“每周家庭日”四大子平台, 作为全系统公共服务的补充:

(1)“益家有方”经过拆解梳理, 由优秀育儿案例发布、育儿直播回放、家长问卷调查组成。

(2)“家长俱乐部”经过拆解梳理, 由学习点地图、职业体验课程菜单、志愿者招募、家长沙龙组班、网上展厅组成。

(3)“积分商城”经过拆解梳理, 由奖赏设定、兑换展示、库存核销、数据统筹组成。

(4)“每周家庭日”经过拆解梳理，由日历呈现、共学记录、五学积分、积分兑换组成。

子平台学习积分独立结算，同时对线下课程学习积分形成补充。

平台通过构建星级家长成长模型，突出“基础在学、关键在做”，引导家长实践学习自主化；同时通过实践不断完善育儿理念、修正育人行为，实现教育中的良性链式反应，在知行合一中实现家长与孩子共同成长的目标。

三、搭建数字学习平台，提供一站式全时数字学习服务

根据“V”字型架构星级家长成长模型搭建的“星级家长执照”家长成长数字学习空间系统云平台，能为家长提供一站式数字学习全时服务。用户通过支付宝“浙里办”小程序、微信“浙里办”小程序与“浙里办”APP可实时同步多入口登录，移动端设立在线学习、线下课程、在线测试、人文行走四大模块，实现学习培训、检验测试、陪伴展示、积分累计、证书领取、互动交流等功能一站式服务体系（见图 4-1-3），突破家庭教育人力、物力、信息资源瓶颈，搭建“人人、时时、处处”皆可学的家长教育泛在学习空间。

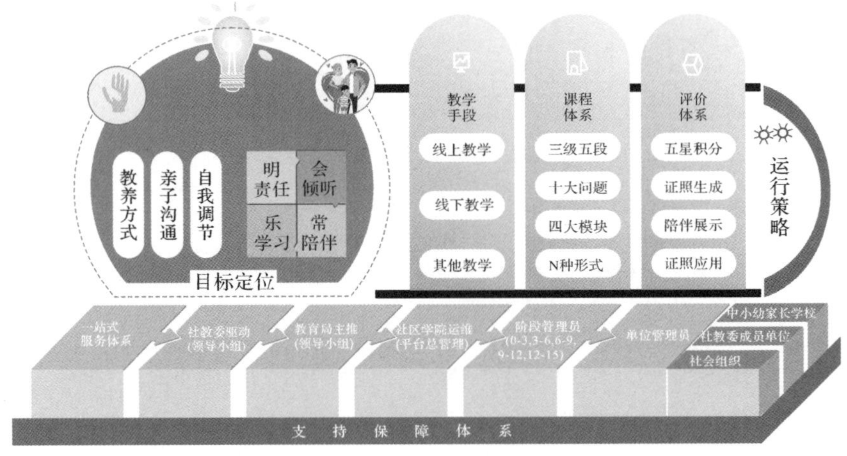

图 4-1-3　围绕功能实现的“一站式服务体系”设计

在区域好家长和家长核心能力的建设方面，平台以数字化平台为统领，实施双轨制的学习。运行策略分教学手段、课程体系、评价体系三大集群。

在教学手段方面，平台通过主题微课视频的点播与积分的方式落实线上教学，以学习点自主组班、系统签到积分的方式落实线下教学的归集与轨迹记录。通过定期的直播教学来实现在线教学的传达和传递。

在其他教学形式的创建方面，“星级家长执照”平台将凭借区域宋韵文化传承与传播这一核心优势，通过成立历史文化资源采集联盟，梳理完成区域人文学习与体验资源清单，并以此为基础，开发知识导览课程与走读体验路线。“星级家长执照”平台的用户可以实现人文点的查询及导航、线上学习、问卷调查和亲子实地走读定位签到功能，走读积分可以转换为线下课程积分，真正实现使数字技术为优秀传统文化传承与传播服务。

在家长学习的课程体系建设方面，平台通过充分调研，将课程资源按照五个年龄阶段划分，提取家长最关注的十个问题作为课程研发方向。组成家长课程研发团队，以“初、中、高”三大专业层级，围绕五个年龄阶段的“十大聚焦问题释疑”邀请专家、教师、家长对十个问题进行解构，并对拆解后的问题有针对性地实施微课开发。运行一段时间后，结合“星级家长执照”平台后台数据分析，推出更加综合与全面的学习内容。线上学习以微课程、微案例为主，聚焦具体问题，强调普及性、实用性、同伴互助性，强调在理念引领、方法传授、榜样示范中提升家长的育儿观念；线下学习则以主题沙龙、亲子体验、育儿经验分享为主，聚焦互动交流，突出个性化、特色化，强调实操训练、在互动交流中增进亲子感情。每个线下学习点由专属管理员进行课程发布，家长可以通过接收系统定向推送的信息了解课程，也可以点击“电子学习地图”实现线下学习点的导航与课程检索，线下课程以现场专属二维码签到积分。平台鼓励家长参加线下实体化培训，通过现场互动、有针对性的培训来提升家长教育认知的应用能力，确保学习效用最大化。

评价体系由在线测试、积分评定、证照自动生成等功能来实现数据的归集。在线测试由专家根据五星级、五阶段的难度组建题库，测试开始前，平台随机抽取题库中的题目进行组卷，并对家长测试结果进行实时校对、批阅与积分。

“在线学习 + 线下课程 + 在线测试”可独立累加积分，满足积分规则即可自动形成星级证书。每个阶段此三项相加达到 100 积分，且满足在线学习 40 分、线下课程 40 分、在线测试 20 分，可升一个星级；每个阶段最高为五星级。

“个人中心”承担着用户个人数据归集、学习过程记录、学习成果展示以及五阶段切换的功能。

四、家校政社联动，实现空间与人群全面覆盖

上城区的“星级家长执照”工程，是推进学习型城区建设的重要载体，是全面提升全区家长素质、促进市民整体素质提升的重要手段。围绕“家庭教育”领域核心业务，经区政府批复，上城区成立了“‘星级家长执照’工作领导小组”，为服务体系所需人力、物力和信息资源提供保障，群策群力为 0—15 岁孩子的家长设计“通识培训课程 + 专题培训课程 + 团体辅导 + 一对一咨询或家长咨询”的个性化课程框架，引导家长明确“父母是孩子成长第一责任人”、体会“陪伴是最深切的爱”，帮助家长了解、掌握、实践有效引领孩子的方法，实现“与孩子共成长”的目标。上城区“星级家长执照”工作领导小组各成员的单位涵盖教育局、民政局、卫健局、妇联、街道办事处等部门，建立街道、社区、学校三级家庭教育网络，打造跨层级、跨地域、跨系统、跨部门、跨业务的典型应用，实现全区 14 个街道、199 个社区、768 个线下学习点、247 所中小学及幼儿园全面覆盖。通过家、校、政、社联动，培养家庭社工专业队伍，研发家长教育专题课程，完善家庭教育交互平台，推进家庭教育社会化，构建家庭教育指导服务体系，打造具有上城特色的“没有围墙、没有边界、没有终点的学校”。

五、搭建家长互助体系，全方位聚合家庭教育多元化服务

“星级家长执照”深入街道、社区，实践“家长即资源”理念，搭建家长互助体系，拓展家庭教育数据来源，完善0—15岁孩子的家长所需的家庭教育知识覆盖面，为家庭亲子学习提供定期直播分享、线上数字博物馆学习矩阵、线下第二课堂数据积分互通互认等方面的支持。聚合研学路线、志愿服务、学区划分、就学政策、运动场所开放、校外培训机构资质评定等级等信息，形成更加立体、多元的家庭教育数据来源，为家长与家庭提供更丰富、更全面的教育服务。建设“星级家长俱乐部”，通过实体基地的打造，促进优秀育儿经验分享，凝聚优质家长资源，形成家长互助体系，为上城乃至更多区域的家长开拓家庭教育学习路径。

第二节
一键选择：数智运营的系统保障

2017 年 5 月，上城区“星级家长执照”工程正式启动。“星级家长执照”平台致力于将现代信息技术有效应用于终身教育领域，在推进教育智能化、信息化的同时拓展学习时间与空间，是线上、线下融合的一站式交互学习平台。

“星级家长执照”平台在建立之初，是依托上城区终身学习服务平台“微学通”进行运作和维护的，经过初步的推广与应用后进行了优化升级，推出了以“星级家长执照”微信公众号为主入口的交互式学习平台。

一、“星级家长执照”1.0 版

初创的上城区“星级家长执照”的网络认证系统构建了上城特色“三网融通”的一站式综合终身学习平台。平台的建设基于 SaaS 技术框架，采用“J2EE ＋关系数据库”框架结构，支持 Java 特性，支持开放性标准，采用 B/S 模式，实现客户端零维护，系统采用云计算技术，为学校提供基于 SaaS 的服务，支持平台云端部署（见图 4-2-1）。

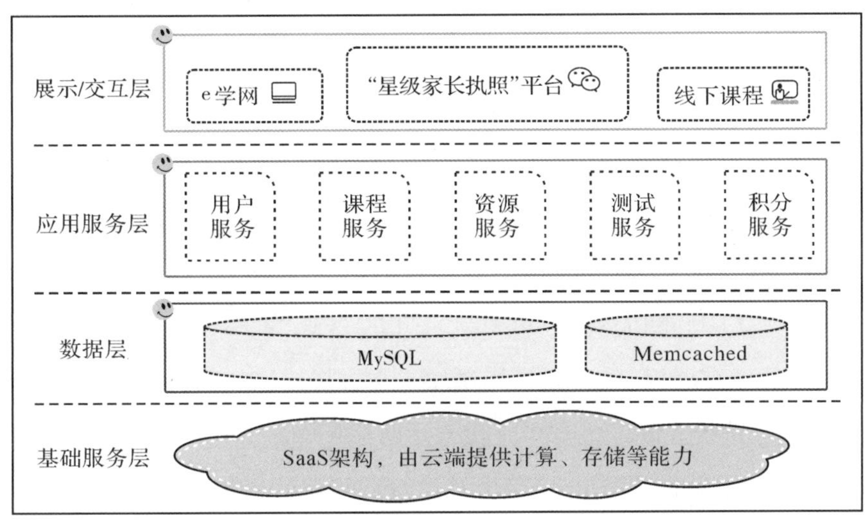

图 4-2-1 “星级家长执照”1.0 系统总体框架

秉承线上、线下混合学习理念，引导家长利用碎片化时间掌握育儿技能和教育方法。线上平台主要指“星级家长执照”手机端和“e 学网”家长品学馆，线下平台主要指依托家长学校、卫生院等同步开设的与家长教育相关的培训活动。区域家长学习平台的主要功能包括在线学习、线下培训、积分累计、在线测试、证书领取等，两大线上平台能实现用户信息整合、课程资源整合、学习积分整合，搭建一个家长教育的泛在学习空间（见图 4-2-2）。

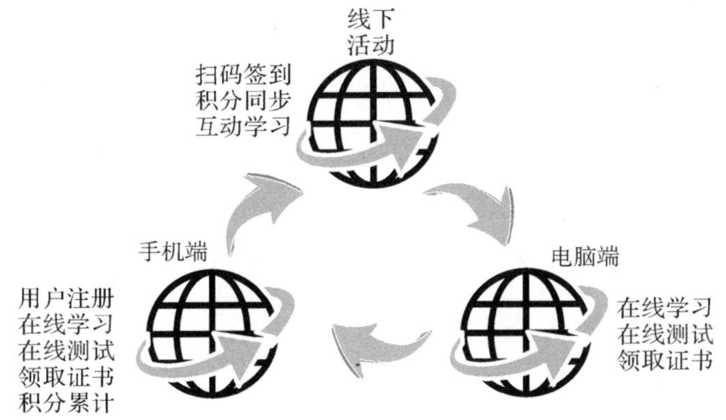

图 4-2-2 线上、线下混合学习模型

二、“星级家长执照”2.0 版

2021 年，为满足行政区划调整后的新上城区的服务需求，进一步改善学习体验、提升服务质量，同时按照浙江省委、省政府的数字化改革要求融入“浙里办”“浙政钉”“教育魔方”等综合平台，“星级家长执照”平台启动了大版本迭代，升级为“星级家长执照”家长成长数字学习空间系统。

遵循实用性、参与性、发展性原则，迭代后的系统设立在线学习、线下课程、在线测试、个人中心四大模块，实现学习培训、检验测试、陪伴展示、积分累计、证书领取、互动交流等一站式学习与服务功能，搭建家长教育泛在学习空间。

2022 年，系统完成迭代升级并投入运营。新一代“星级家长执照”平台实施系统剥离，既能独立运行，又与上城教育数字化网上社区“e 学网”和上城区终身学习服务平台“微学通”的数据保持无缝对接。此外，平台按数据安全要求全面审查数据流程，迁移数据存储和系统运行的云平台，完成等级保护等合规工作。最后，平台重新设计客户端界面并全面改善应用流程，改善学习体系，提升服务质量。

1.“星级家长执照”2.0 版系统总体框架

“星级家长执照”平台在“基础设施层”的基础上，利用 PaaS 层提供的各类能力，完成“业务应用层”的搭建（见图 4-2-3）。

通过对“业务应用”的数据整合，实现“星级家长执照”信息资源的共享与交换；实现与省教育厅的“数字魔方”工程、浙江省“学分银行”、杭州市社区教育公共服务平台、上城区公共数据平台、上城区政务服务“数字矩阵”、国家数字博物馆、“志愿汇”平台等进行资源的共享与交换。同时支撑“家长成长数字学习空间业务体系”上的应用整合与开发，实现电脑端、手机端（如浙里办、微信公众服务号）等方式的家长教育学习信息的“综合服务展现”，建设“星级家长执照”的信息标准和安全运维体系。

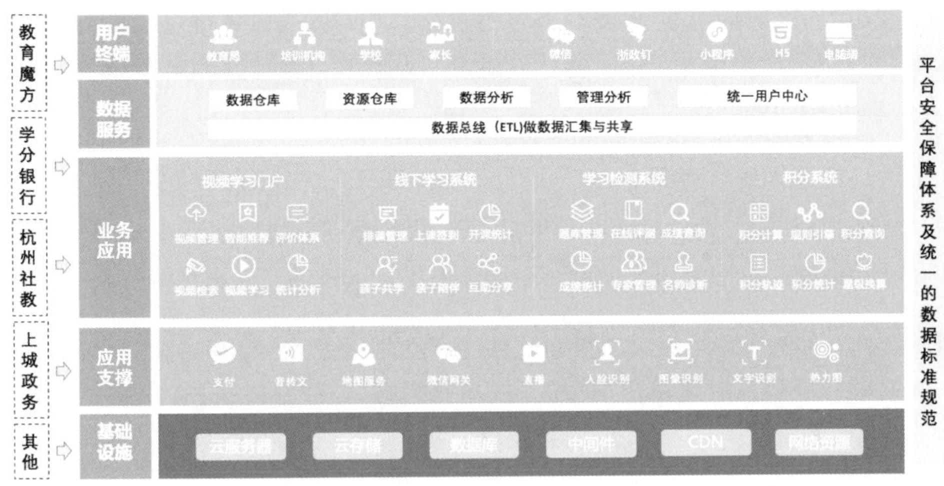

图 4-2-3 “星级家长执照”2.0 系统总体框架

（1）基础设施层：以“公有云”为载体，为“星级家长执照”平台提供硬件支撑和网络支撑，包括网络设施、服务器计算资源、存储资源、数据库和中间件等内容。

（2）应用支撑层：通过接入云平台的各种 PaaS 服务，涵盖支付、直播、人脸识别、地图服务等一些通用的技术，为各种业务应用的开发构建提供了强有力的支持。

（3）业务应用层：通过对基础服务和 PaaS 服务的调用和组合，结合实际需求构建可完成指定工作内容的业务平台，包括视频学习门户、线下学习系统、学习检测系统、积分系统等应用系统，并根据家长、学校用户、管理员等不同人员的多样需求，提供面向用户终端的各类综合服务，最终满足家长群体的使用需求。

（4）数据服务层：为“星级家长执照”平台提供数据存储服务，重点建设覆盖视频学习、线下课程、检测结果等三大类家长学习轨迹数据库，与教育资源数据库形成统一的标准，建立统一身份认证服务和数据交换服务，为其他平台及系统提供数据支撑。为“星级家长执照”平台所有应用系统提供统一的功能和组件支撑，是整个“星级家长执照”平台的核心层。

（5）用户终端层：提供面向家长成长数字学习的教育资源、教育管理一站式的门户服务和个性化服务，满足不同用户人群的教育信息服务需求，提供电脑端、手机端平台。

（6）平台安全保障体系及统一的数据标准规范：安全体系和系统应用体系构建于网络平台，同时受到标准体系和管理体系的合规性制约，安全体系贯穿于应用支撑、服务于应用系统，为其提供各式服务等，为核心数据的安全保驾护航。“星级家长执照”平台设计注重遵循标准规范，致力于家长成长数字学习空间标准体系的建设，包括统一的数据标准与应用接入规范等。

2. 数据服务层（管理端）主要功能迭代

增设“星级家长执照”大数据分析平台，实时为“浙政钉”等管理平台提供运行统计数据。对平台资源的发布情况、家长用户的注册 / 学习 / 星级认证情况、针对资源的评价及反馈、不同年龄段资源播放量情况等实时数据进行精确的统计分析，特别是针对家长用户就视频资源的学习时长、播放次数、相应年龄段的学习热度做好分析。实时展示的大数据分析平台大屏成为公众了解“星级家长执照”平台最直观的窗口（见图 4-2-4）。

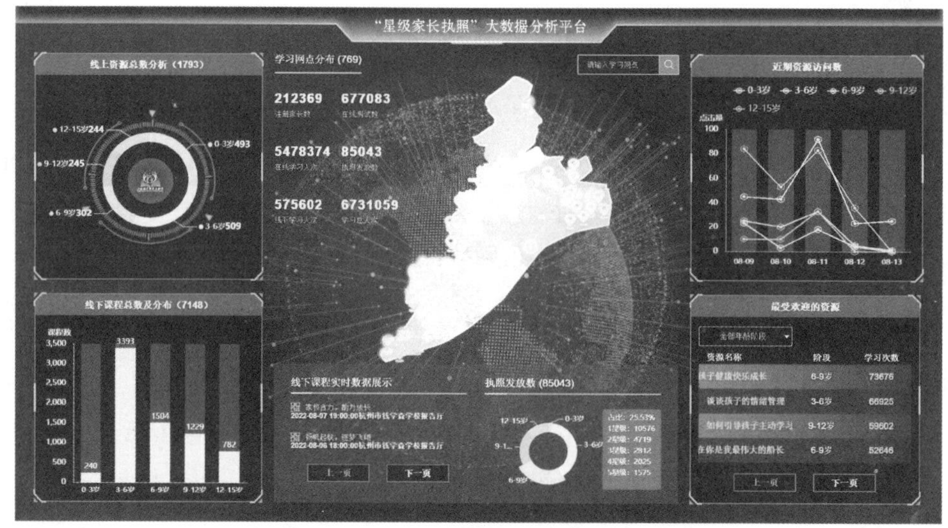

图 4-2-4 “星级家长执照”大数据分析平台大屏

3. 业务应用层（用户端）主要功能迭代

（1）在个人中心增设“行走历史”，用户可查看自己的足迹及行走积分，行走积分可按照一定比例兑换成线下积分，帮助家长提升星级，充分解决了因为新冠疫情期间线下课程减少导致的线下积分难获取、家长星级无法提升的问题。在线下课程中增设“列表找课”及“地图找课”两个功能。通过新增的两个功能，家长能够快速查找到家附近的学习点及开放课程，选择自己喜欢的课程并完成线上报名。截至 2022 年 6 月，平台已经累计开设课程 7000 余门，内容涵盖主题沙龙、亲子体验、育儿经验分享等；线下学习点共有 700 余个，做到区域内全面覆盖。

（2）增设“益家有方”专区。上城区政府牵头成立家庭教育指导领导小组，区社教委成立工作小组，区教育局、区妇联、区民政局、区卫健局、区司法局、区检察院、团区委、区关工委、各街道办事处及社会组织等参与，形成区域内联动的工作机制，实现教育资源最优化、教育效益最大化。每周推出一个家长育儿案例，每月 15 日推出一场家庭教育直播。

（3）在线测试题库更新。新的学习检测系统，由专家根据五星五阶的难度组建题库。为建构高品质上城区家庭教育指导培训体系，平台增设了“家庭教育指导师专题”。测试开始前，平台随机抽取题库中的题目进行组卷，并对家长测试结果进行实时校对、批阅与积分。

（4）增设大字“关怀版”，方便祖辈使用。家庭是文化传承传播的基础，也是孩子价值观培养的最重要场所。俗话说“家有一老，如有一宝”，祖辈的参与更能体现精神领域“文化共富”的理念。大字“关怀版”方便“祖孙三代”实施“走读 + 体验”的双轨制学习，方便老年人通过电子地图上人文点进行知识导览，让数字技术更好地为优秀传统文化的传承服务。

三、平台重点功能模块

微服务架构理念下单体应用被分解成多个更小的服务，每个服务有自己的归档文件，单独部署，然后共同组成一个应用程序。这里的“微”不是针对代码行数而言，而是指服务的范围限定到单个功能，从而提高平台的容错能力和恢复能力。平台实现了分布式高可用架构，建立数字化运维中台，打通后台 IT 支撑系统与前台业务应用之间的信息断层和管理断层。

1. 基础服务支撑平台

平台提供本地化统一用户认证、统一账号登录、统一入口功能，实现统一的身份管理、权限管理和分级授权机制，实现用户基础服务平台对产品的配置和后台管理。基于认证体系，实现浙里办、微信公众服务号用户基础服务数据一致性，构建统一的家庭基础数据资源库服务。除家长、学生的个人基础信息和个人学习信息基于对公民信息保护及对未成年人保护的需要不对外共享外，其他统计信息和所有线上课程原则上都可以共享共用。各类资源分类如下：

（1）课程资源分为视频课程、音频课程、图文课程、线下课程、问卷课程 5 大类。

（2）基础数据有家长用户数据、学校数据、学生数据、线下学习点数据、管理员数据、运行日志等。

（3）综合审计数据有家长基础数据统计与分析、学生基础数据统计与分析、课程资源统计与分析、学习总量统计与分析、学习热度动态统计与分析、积分总量统计与分析、积分热度动态统计与分析、执照颁发统计与分析、学习点工作统计与分析、家长综合学习指数、各类 TOP 排行榜等。

（4）综合学习成果有个人学习总积分、在线学习积分、线下课程积分、在线测试积分、星级证书等。

2. 平台数据接口对接

依据家庭教育业务体系，平台实现与省教育厅的“教育魔方”工程、浙江省“学分银行”、杭州市社区教育公共服务平台、上城区公共数据平台、上城区政务服务“数字矩阵”、国家数字博物馆、“志愿汇”平台等的资源共享与交换。

3. 学习门户系统

充分考虑家长年龄段不同、学习习惯不同、信息化接受度不同等情况，搭建不同年龄段家长学习体系，构建基于电脑端和手机端的在线学习门户系统、线下学习支持系统、学习检测系统、学习成果系统。

四、一键选择，便捷的家长学习支持系统

“星级家长执照”平台以“星级家长执照”微信公众号为主要入口。家长无须安装专用 APP，不额外占用家长手机内存（用户操作手册见链接 4-2-1）。

链接 4-2-1 “星级家长执照”微信公众号用户操作手册

依托微信验证机制，平台实现了“免登录”无感身份验证。“星级家长执照”平台摒弃了传统的“用户名 + 密码”的身份验证模式，用户只需在首次进入平台时在系统提示下点击“授权”登录，并完成实名注册，再次访问直接进入，平台根据来访的微信号自动识别用户，实现“免登录”无感身份验证。

【小贴士】

问：怎么参加学习？

答：建议使用微信，搜索公众号“星级家长执照”，关注并参与学习。

问：我不是上城区的，也可以参加学习吗？

答：可以，“星级家长执照”平台面向全网开放。

1. 用户机制

平台以每一位家长为学习单位，欢迎爸爸妈妈、爷爷奶奶等家庭成员参与学习。家长注册后，可以绑定自己的孩子（目前仅支持上城区中小学及幼儿园），以方便家长接收学校定向发送的学习信息，参加学校组织的线下家长培训活动。

【小贴士】

问：爸爸妈妈的学习积分可以共享吗？

答：不可以共享。每一位家长都是独立的学习者。

问：我有两个孩子，可以都绑定吗？

答：可以。平台支持同时绑定多名子女。绑定后，您可以接收到对应多个学校定向推送的信息。

2. 线上学习系统

“星级家长执照”平台提供了便利的线上学习资源，可以实现以下功能：

（1）资源上传及审核。系统根据总管理员和学校分管理员的不同身份设置不同的管理权限，各学校及学习点上传的学习资源经平台总管理员审核后推送至各位家长，上传的资源包含视频、PPT、图片、文档等。

（2）课程学习。资源信息发布后，电脑端（“e 学网”）、手机端（微信公众号等）实时同步更新。家长在手机端或电脑端自主选择感兴趣的课程进行学习，线上课程以微视频为主，第一遍观看学习时不可拖拽进度，学习完毕页面显示“已学习”字样，同时后台完成积分累计。

（3）智能推荐。完成学习之后，可对资源内容进行打分和评价反馈，生成平台资源评分体系，系统对资源热度及播放次数进行排名，并通过大数据分析，对用户进行学习推荐。

（4）统计分析。对平台资源的发布数量、视频资源的学习时长、视频播放次数、各年龄段学生家长的学习热度、家长对资源的评价及反馈情况进行统计分析。

【小贴士】

问：同一个视频课程反复看，可以累计积分吗？

答：系统会记录您的学习情况，每个视频课程只能积一次分。

问：视频课程可以设置自动连续播放吗？我没有太多闲暇时间专门用来看视频。

答：不可以。平台以短视频课程为主，希望您认真观看学习。

3. 线下学习支持系统

“星级家长执照”学习体系的作用，不仅体现在线上学习的便利，也体现在平台结合线下数百个学习点充分融合社会各界的优质教育资源关系，积极带动家长群体提升自我素养。

（1）课程设置及排课管理。各学习点管理员根据当地家长实际情况，在不同时间段，根据当前重要热点时事，开设相关线下课程，并做好学习点和课程的设置及排课。总管理员或者学校分管理员新增线下课程，设定好开课时间、地点、授课专家及相关联系方式等。为了有效控制线下课程的参与人数，平台可从现场管理、人身安全、课程效果等方面综合评判，设定人数上限，生成报名链接。

（2）线下课程学习。平台管理员对课程设置审核完毕后，即可生成学习二维码和课程海报，家长在学习地图的导航下到指定学习点进行学习。家长到场后扫学习二维码，完成签到，获得线下课程积分。

（3）亲子共学体系。平台联合区域内民政局、卫健局等部门，了解和掌握家长或准家长群体情况，设定线下课程学习活动的开展计划。通过课程内容的设定，家长用户邀请自己的孩子一同参与，以增进亲子关系。

（4）学习情况反馈统计。用户完成线下课程的学习后可通过平台对课程进行讨论、评价和满意度调查，以便组织者后续对课程主题、开课时间及地点等进行改进，优化用户体验。

【小贴士】

问：我用微信扫学习二维码为什么显示“不在区域内”？

答：平台启用了卫星定位功能，您必须在规定的时间、地点扫码积分。请检查您的手机是否打开了定位功能，同时可以尝试重启微信后再扫码。

问：我扫码成功了，为什么学习记录里没有？

答：平台学习资源按五个阶段（0—3 岁、3—6 岁、6—9 岁、9—12 岁、12—15 岁）分类，线下学习也不例外，请复核您参加的线下学习所属的阶段，然后请进入平台，在“个人中心”切换到相应的学习阶段再检查您的学习记录。特别是有多位不同学习阶段孩子的家长，要特别注意阶段的切换。

4. 学习检测系统

为了有效掌握和了解家长的学习情况，平台设置了在线测试功能，家长完成一定量的线上、线下学习后，需主动参与在线测试，获得相应的测试积分后才能晋升星级。

（1）题库管理。平台提供试题编辑功能，管理员可根据年龄段进行题库的管理，增设单选、多选、判断题型等，灵活地构造试卷，自定义试卷标题、试题数量、总分、试题难度和分数标注等，给每个题目设置标准答案。

（2）在线测试。家长完成阶段性学习之后，需主动参与在线测试。系统根据用户当前的年龄段，随机提供试卷，并根据用户星级，调整试卷题目的难度。家长完成测试并提交之后，系统随即完成自动批改并实时反馈，家长知晓成绩、错题及原因。

【小贴士】

问：测试结果不理想怎么办？

答：在线测试只是提供给家长的自我评价工具，不必在意成绩高低。您可以重复参与测试，多练多学，提高测试成绩。

5. 学习成果系统

家长在平台进行学习，如何长期坚持和持续地活跃？积分体系在其中起着非常重要的一个作用。积分体系的激励，可以是物质层面的也可以是精神层面的，借此增强用户对积分价值的感知。

平台的核心功能是家长通过学习行为，获得学习积分；通过学习积分进阶不同年龄段的星级，最终获得“星级家长执照”。平台根据孩子的年龄阶段，分成五个阶段，每个阶段依据学习进度分成五个星级。每个阶段每个星级的进阶，家长都需获得相对应的结构化积分，平台不仅对积分总量提出了要求，同时也对学习的项目类型提出了要求。家长在不同的年龄段完成学习，获得对应的学习积分和完成指定的项目学习之后，方可进阶到更高的星级。

【小贴士】

问：我在3—6岁阶段已经学到了五星级，为什么切换到7—9岁阶段后又没有星级了？

答：平台采用五阶段学习，每个阶段根据孩子的身心发展特点，为家长开设不同的课程，所以每个阶段是独立累计积分评定星级的，愿您成为一个不断学习进步的优秀家长。

问：我已经学了很多线上课程，为什么还没有星级？

答：家长执照采用结构化积分，每升一个星级需完成在线学习40分、线下课程40分、在线测试20分。您如果仅参加线上学习，不参加线下学习，是无法评定星级的。您可以关注“星级家长执照”微信公众号不定期推出的线下课程，参加线下学习，现场扫码积分。

参考文献

［1］西蒙斯，李萍．关联主义：数字时代的一种学习理论［J］．全球教育展望，2005,34(8):9-13.

［2］王志军，陈丽．联通主义学习理论及其最新进展［J］．开放教育研究，2014,20(5):11-28.

［3］刘智明，武法提．联通主义视域下成人在线自主学习导学策略研究［J］．电化教育研究，2017,38(11):69-74.

[4] 刘璐 . 基于联通主义学习理论的在线开放课程设计与开发模式研究 [D] . 无锡：江南大学 ,2020.

[5] 何伏刚 . 联通主义视角下生成课程开发技术研究 [J] . 现代教育技术 ,2019,29(10):87−93.

[6] 曾琦 , 秦怡萌 . 对“互联网 +”时代下数字化学习的审视与思考 [J] . 课程 . 教材 . 教法 ,2017,37(5):65−70.

第五章
千家万户的精准助导

百年大计，教育为本。“把教育这个关乎千家万户和中华民族未来的大事办好”是大家共同的期望。家庭教育是一切教育的出发点和基石，帮助家长精准定位、有效助力家庭教育，引导家长运用智慧提高育人水平，学校责无旁贷。家庭熏陶，润物无声。“星级家长执照”平台以丰富的线上、线下课程指导家长做孩子成长的陪伴者，以高质量陪伴助力孩子健康成长；平台引导家长加强与孩子的沟通，用心与孩子交流，做孩子心声的倾听者，以阅读共学、交流共心、悦纳共情、互动共享打开孩子的心门；学无止境，平台助力家长做终身学习的践行者，陪伴孩子顺利度过入园焦虑期、学习适应期、青春启蒙期和成长规划期，以渐进贯通的衔接教育帮助孩子度过人生重要转折。

第一节
学会成长：陪伴学习有妙招

⊙

教育家蔡元培先生说："家庭者，人生最初之学校也。"家庭是社会的细胞，家庭教育既是基础教育，又是终身教育，伴随人的一生，影响人的一生，对一个人的成长成才至关重要。自《中华人民共和国家庭教育促进法》出台以来，国家进一步明确了家长在家庭教育中的主体责任，法条中指出"父母或者其他监护人应树立家庭是第一个课堂、家长是第一任老师的责任意识，承担对未成年人实施家庭教育的主体责任，用正确思想、方法和行为教育未成年人养成良好思想、品行和习惯"。

父母是孩子最长久的老师。孩子来到这个世界，接触最多的就是父母。培养和教育孩子是家长的终身事业，父母的每一句话，每一个表情，每一次和他人的交往都是孩子成长的教科书。清醒认识家庭教育的重要作用，对于我们每个人、每个家庭乃至整个社会都有着十分重要的意义。

心理学家阿德勒认为，父母关爱孩子也需要方法得当，这样才能够成就孩子。阿德勒学派非常重视家庭教育的作用，认为家庭教育的主要任务是对孩子合作意识和合作能力的培育及良好社会兴趣的培养。家长首先要注重民主和谐的家庭气氛构建；其次要为孩子提供更广阔和安全的发展空间，为孩子提供合作的机会，包括与孩子共同学习与游戏、引导其和同伴玩耍等。

教育的本质是育人，父母对孩子最好的教育是“陪伴”。“陪伴”不是简单的“在一起”，而是高质量的、智慧的陪伴。哈佛大学曾经组织名为“Frontiers of Innovation（创新先驱）”的社会创新项目，其研究目的是帮助父母在有限的时间里提高陪伴质量、提升孩子的执行力。这个项目的最终研究成果“PEERE 法则”被称为高质量陪伴孩子五大法则，分别是 P——暂停（pause）、E——参与（engage）、E——鼓励（encourage）、R——反馈（reflect）、E——衍生（extend）。家长要看见孩子的需求、加入孩子的行动、支持孩子的想法、真诚地与孩子交流、扩展孩子的视野。真正高质量的陪伴，就是走进彼此内心，让每一次陪伴，都成为亲子关系的桥梁。

对于家长来说，怎样更好地陪伴孩子成长？有哪些好做法可供借鉴？一起来看看上城家长的做法吧！

一、德性涵养

“德性”的养成是家庭教育的重要任务。“德性”与平日所说的“教养”“良知”意思接近。亚里士多德说，“人类所不同于其他动物的特性，就在于他对善恶正邪以及其他类似观念的辨认”；教育学者钟启泉说，“所谓德性就是明辨是非”。日本教育学者佐藤学先生说过，教育要实现的目标有三个：一是帮助孩子实现与客观世界的对话，即认知世界；二是帮助孩子实现与他者的对话，即建构良好的人际关系；三是帮助孩子实现与自己的对话，即成为自觉自律的人。“德性”就是孩子在明辨是非的基础上建构与他人的外部关系与自己的内部关系，在这个前提下正确地立身处世。

案例 5-1-1 《家风宝典》

链接 5-1-1 杭州市采荷中学家长版《家风宝典》

为了让学生在劳动养成教育中习得和养成的良好生活习惯、情感态度得到及时的肯定和巩固，引导学生真正把正确的认知和良好的情感态度作用于自己的现实行动，杭州市采荷中学在征求广大学生意见的基础上，将学生的实际情况与中国的传统文化相结合，编制了采荷中学家长版《家风宝典》（见链接 5-1-1）。采荷中学家长版《家风宝典》共分两个篇章：第一篇为“亲篇”，分为亲家人之身、亲家人之心、亲家人之志三个部分；第二篇为“廉篇”，分为廉与人格、廉与公心、廉与社会三个部分。

践行《家风宝典》，对学生的三观形成和成长产生了深远的影响。学生展现出积极向上的新风貌，有在家庭的，在学校的，也有在社会上的。比如 813 班的王润奇同学放学回家的路上捡到一个装有贵重物品的包，主动交给警察，失主很感动并送来了锦旗。该校践行了《家风宝典》，它很好地成为连接家庭教育和学校教育的纽带。每月家长都仔细核对考核表的每一条，认真反馈，对照发现孩子身上的欠缺，同时更加明确：“作为家长更要严于己、践于行，传承良好的家风。”

（杭州市采荷中学）

杭州市采荷中学《家风宝典》在实践和反思中逐渐成为该校德育的纲领与内核，学校以《家风宝典》为载体落实立德树人的根本任务，以《家风宝典》为抓手践行社会主义核心价值观、优秀传统文化、理想信念教育。依托《家风宝典》，学生将道德认知与自己的生活世界联结，形成自我认识。学校推出的“宝典式”价值观教育，促发学生在道德认知的基础上生成价值观，澄清价值观，并在正确价值观的指导下，采取具体的行为。

二、智慧培育

丹尼尔·西格尔在《全脑教养法：拓展儿童思维的12项革命性策略》一书中指出，我们的大脑可以“重新布线”，父母可以通过提供体验为孩子塑造灵活的、整合良好的大脑，充分开发他们的智力。如果孩子在成长过程中大脑受到的刺激不够多、不够丰富，其大脑的进一步发育就会受到影响。

科学家根据这个原理，设计出一些干预方法。比如在家里给孩子更多的语言刺激，可以用一只袜子做个玩偶跟孩子玩，可以用杂志上的图片教孩子如何给东西分类，还可以跟孩子玩手指游戏、拼图游戏等。亲子阅读、面对面的语言交流也非常重要，语言训练能有效提高孩子智力。助力孩子的智力发展，需要给予其大脑丰富的刺激，神经塑造的过程就是提供刺激、培养大脑的过程。

上城区各中小学在家庭智慧培育方面不断探索，广泛开展亲子阅读，创设家庭特色空间，努力做好孩子智慧发展路上的引路人。

案例5-1-2　探寻节气，感受生命的美好

顾昊亮是个聪明、爱思考、很有主见的小朋友，但同时他又非常“宅”、慢热而敏感、有很强的畏难情绪，不肯轻易尝试新事物。科学课上学习的内容，是他未知的领域，所以在一年级的科学课上他几乎都在神游，课堂作业也不会做，见了老师就绕道走。但到了二年级开学，孙老师反映乐乐（顾昊亮的小名）进步大，不仅上课认真听讲，还能主动说出自己的想法。

原来，这一年里乐乐妈妈把“星级家长执照”平台上的所有视频都学习了，找到了帮助孩子的切入点——节气。因为乐乐非常喜欢美食节目，妈妈就着力挖掘节气中民间习俗的部分，挑选出可操作性强的，由爸爸妈妈陪着乐乐一起体验节气的变化，完成各种美食的制作，拍摄视频，增加趣味性。清明放风筝，立夏斗蛋，夏至包粽子，小暑赏荷花，立秋观水稻……现在，乐乐和爸爸妈妈已经共同录制了13个节气视频。这不仅让乐乐学习

了节气知识，增进了亲子关系，还让乐乐的综合能力得到了明显的提升。在这个过程中，家长也深刻感受到父母高质量的陪伴对于孩子来说是最宝贵、最美好、最有价值的礼物。

（顾昊亮家长　杭州市勇进实验学校）

上述案例中的乐乐本是一个对科学课一点儿都不感兴趣的孩子，但家长从孩子的兴趣点入手，通过精心的陪伴和引导，带领孩子不断探索自然，启迪智慧。让乐乐在短时间内得到了巨大的提升。乐乐的爸爸妈妈在陪伴孩子的过程中的表现有以下几点值得我们学习：

（1）由易到难，探索孩子喜欢的方式。乐乐录制的第一个视频是“惊蛰”，内容非常简单，他很快就记熟了，拍摄十分钟就搞定了。“惊蛰”的视频得到了老师的肯定和表扬，乐乐很开心，于是就有了很好的开始。接下来的是“春分”，他们加入了一些专业的内容。“春分三候”的节气特征（一候玄鸟至、二候雷乃发声、三候始电）非常容易观察，所以乐乐的爸爸妈妈带着乐乐爬吴山、游湘湖、逛西湖，找寻玄鸟（即燕子）的身影，还一起观察了春分日的电闪雷鸣。这些都给他留下了深刻的印象。

（2）亲近自然，发挥孩子的主观能动性。因为乐乐的“宅”属性，为了让他走出家门，爸爸妈妈会准备他爱吃的食物，以野餐的形式带他感受大自然，或约上三两个小伙伴，或安排些有趣的主题。他们还会提前在家里了解这个节气可能会看到的植物。乐乐会跟爸爸妈妈一起查资料、找兴趣点、改稿件，按他自己的想法表达看法。比如拍“谷雨”的时候，他还学会了使用“识色”软件，养成了走到哪都要拍一拍花花草草的习惯。

（3）提供选择，尊重孩子自己的决定。录制完几个视频后，乐乐突然说再也不要录视频了。于是爸爸妈妈跟乐乐谈了谈心，达成协议：视频只发给班主任孙老师，老师如果想在班上播放，需要先征得他的同意。当乐乐怕累了，怕麻烦了，就跟他一起欣赏一下“星级家长执照”平台上的优秀视频，夸夸他，鼓励他，由他自己选择感兴趣的内容进行学习和视频拍摄。

只有肥沃的土地才能长出良好的庄稼，良好的生活环境和家庭氛围更有可能培育出智力拔群、聪明活泼的孩子。父母是孩子的第一任老师，应当尽可能地为孩子们提供学习和体验的机会。孩子在成长的过程中，需要不断地体验和学习，才能实现真正的提升。

三、体魄强健

体育不仅能健体，对于提高人的智商和情商也能起到重要作用。中共中央、国务院印发的《关于加强青少年体育增强青少年体质的意见》中明确指出“体育锻炼和体育运动，是加强爱国主义和集体主义教育、磨炼坚强意志、培养良好品德的重要途径，是促进青少年全面发展的重要方式，对青少年思想品德、智力发育、审美素养的形成都有不可替代的重要作用”。

随着“双减”政策的实施，学生有更多的自主时间，家长可以和孩子一起制订一个可实行的体育锻炼计划并坚持执行。上城区各中小学在家庭体育锻炼方面不断探索，开创多种方式，努力落实亲子锻炼，营造出良好的体育锻炼氛围。

案例 5-1-3 亲子骑行，感受锻炼的快乐

杭州市清泰实验学校曾在滨江“最美跑道”举行“亲子骑行”活动，目的就是在帮助孩子们强身健体的基础上，培养亲子间的大爱之情。此次骑行以家庭为单位，共计 65 户家庭参加。从西兴大桥至钱塘江大桥的“最美骑行道”全长约 9 千米。终点站设有清泰微公益爱心基金捐赠箱，参加活动的家庭可以自愿捐献微公益基金，用实际行动彰显无私奉献的公益之爱。一路上，爸爸妈妈和孩子一起骑行，互相加油，甚至为新认识的小伙伴加油打气。活动结束后，参与的孩子都得到了骑行证书和奖牌，捐献微公益

基金的家长和孩子还得到了爱心证书。参与此次活动的家长和孩子都给予此次活动高度评价。

（杭州市清泰实验学校）

上述案例中，第一名到达终点的叶启硕的家长对于看到孩子如此坚强独立的一面觉得非常欣喜。叶启硕兴致勃勃地完成了整个活动，没有喊一句累，在第二批出发的情况下还第一个到达终点，着实厉害。这次亲子骑行活动让家长看到孩子坚强的一面，同时增进家长和孩子的感情，拉近彼此之间的距离。在生活中，家长可以采取各种各样的举措来帮助孩子强健体魄：

（1）家庭互动，花样不断。不同家庭可以依据自身条件选择合适的亲子运动，让孩子在玩中学、在玩中练，促进孩子体能、感统、专注力等各个方面能力的提升，活跃家庭气氛，促进家庭亲子关系。家长与孩子一起制订家庭运动的规则和活动内容，让孩子充分感受到家长给予自己的尊重，从而更加愿意按照计划运动。家长可以举办家庭趣味运动，如"动物模仿大赛""你抛我接""仰卧起坐传球""卷腹击掌""十五根筷子搭虹桥"等。

（2）户外锻炼，亲近自然。户外教育对孩子来说是一门必修课，不仅能磨炼孩子的意志，更能增强亲子间的关系。户外运动让家长和孩子有一个新的相处环境，激发新的相处模式，彼此看到不同的一面。户外骑行、跑步、登山、攀岩、滑雪等户外活动对家长而言都是很好的选择。

（3）营养配餐，均衡饮食。在关注孩子体质健康方面，家长还要注意营养配餐、均衡饮食，根据孩子的年龄来科学安排膳食，采用适当的烹调方法，帮助孩子保持适宜体重。膳食应包括提供能量的谷薯杂粮类，提供蛋白质的肉、鱼、蛋、奶、豆类（含少量坚果），提供维生素、矿物质、膳食纤维的新鲜蔬菜、水果。孩子每天应足量饮水，对他们而言，最好的饮料或许就是白开水。良好的进餐环境、氛围，多样化的食物搭配，色、香、味、形俱全的食物对孩子的体质健康都十分重要。家长与孩子应多家庭饮食，少外出就餐。

四、艺术陶冶

从婴幼儿时期到青少年时期，孩子们在家的时间是最长的，所见、所闻、所感大多来自家庭。每个人从出生伊始就受到家庭环境的影响，这种影响往往是多方面的、深远的，好的家庭环境能够影响人的一生。

家庭在对孩子进行艺术陶冶这一方面有着得天独厚的条件。随着教育观念的不断更新，越来越多的家长注重通过家庭的有益影响提升孩子的艺术修养。家庭成员运用情感和环境的因素，以境陶情，潜移默化地熏陶和感染孩子，使其在耳濡目染中受到感化，进而促进其身心发展。在那些充满艺术氛围的家庭，父母以自己的言行影响孩子，带领孩子开展艺术实践。

案例 5-1-4 大高和小高

在“素心平尺”书画展中，有一个名为“大高小高”的主题，“大高”是作为父亲的高甬春，是浙江省青年书法家协会副主席、美术家协会副主席，是国内享誉盛名的书法家；“小高”是作为儿子的高添羽，此次展出国画花鸟作品20件，也算“小荷才露尖尖角”。父子携手办展，成为一段佳话。

回顾高添羽的成长历程，家庭中浓厚的艺术氛围如细雨润物，影响着他走上艺术之路。翰墨飘香润家风，父亲潜心创作的书法作品、家中收藏的众多精美画册、从小接触的书画大家、参观的各种名家画展……所见所闻都让高添羽获益良多。他从小耳濡目染，对艺术产生了浓厚的兴趣。从四岁开始，受父亲影响喜弄丹青的他就在杭州青少年活动中心学画，每周一次学画山水和花鸟。进入小学以后，他每周利用双休日学习国画，专攻花鸟画。从初中到高中，他还在学业之外学习素描、速写、水粉、静物写生。小学毕业前，高添羽在学校举办了第一场个人画展，出版了第一本个人国画作品集。初中毕业前，他的第二本国画作品集问世，他还加入了杭州市美术家协会，成了协会中最年轻的会员。如今，他已在日本京都艺术大学攻读大二，继续艺术少年的追梦之路。

（高添羽家长　茅以升实验学校）

从上述案例中可以看出，孩子的艺术素养萌芽和艺术特长展现，很大程度依赖家庭氛围的熏陶。良好丰富的成长环境，家长的文化素养、教养方式，不仅会影响到孩子品行的培养，还会直接影响他们的能力发展：

（1）家庭熏陶，润物无声。“耳濡目染”的力量能起到润物细无声的效果，家长自觉地利用家庭环境和自身的榜样引领，创设一种充满艺术的气氛和富有艺术色彩的情境，使孩子置身其中，潜移默化地受到熏陶和感染。

（2）特长培养，爱严相伴。作为家长，教养孩子的同时，要做慧眼能识“千里马”的伯乐，发现孩子潜在的能力，有意识地开展艺术专项的培养，发掘出孩子在艺术方面的天赋与特长。家长要做孩子的良师和益友，爱严结合，督促孩子勤以练习，以有责任的陪伴成就孩子。

（3）桃李不言，下自成蹊。家庭氛围的营造、家庭环境的布置、家庭活动的开展、家庭成员的榜样影响、爱好特长的有意识培养等，都以润物细无声的方式，给孩子以艺术的熏陶。基于家庭形式开展的艺术陶冶情景交融，更为直观具体、生动形象，易被孩子接受理解，也易于激起他们情感上的共鸣，起到强烈的感化作用。家长身体力行、陶情冶性、以情激情，以优美雅静的家庭环境感染孩子，以美好的艺术作品打动孩子，能使孩子在潜移默化中得到情感和行为上的熏陶。

五、劳动磨砺

中共中央、国务院印发的《关于全面加强新时代大中小学劳动教育的意见》强调：“实施劳动教育重点是在系统的文化知识学习之外，有目的、有计划地组织学生参加日常生活劳动、生产劳动和服务性劳动，让学生动手实践、出力流汗，接受锻炼、磨炼意志，培养学生正确劳动价值观和良好劳动品质。”从中可以看出，劳动教育不再局限于学校之内，有生活的地方就有劳动教育。

为了更好地发挥社会资源在劳动教育中的支持作用，上城区多渠道拓宽劳动教育途径，以“家校社携手共育”为工作主线，开展社区劳动实践，为学生提供志愿劳动场所。

案例 5-1-5　公益路　爱相随

琪琪爸爸在新生家长会时听到校长说，新学期让孩子从关心身边的人做起。回家后父女俩经过一番商量，决定先从志愿者做起。经过努力，琪琪成为杭州市红领巾志愿服务队的小队长，一到周末便带领队员们参加小队活动，而爸爸加入了小区业主委员会，积极助力社区的发展。他们的身影经常出现在公益活动的各个角落。原来腼腆的琪琪现在变得自信、阳光。在学校里，她是少先队大队长；踏出校门，她是杭州市红领巾志愿服务队的一员，也是“笑笑橙”青少年消防应急安全体验馆的志愿者，还是西博会博物馆的小讲解员。

2020 年，一直在小区进行垃圾分类宣传的琪琪萌生了一个新念头，为什么不开个“可回收垃圾”的银行，提高大家的分类回收意识呢？这个想法得到了爸爸的大力支持，于是第一家社区“资源银行”诞生了。每周日琪琪会带着在学校招募到的志愿者们前往兴安社区开展“资源银行”回收活动。该项活动在 2021 年浙江省青年志愿服务项目大赛中一举斩获“金奖”，还在杭州市红领巾志愿服务队第五届“我为志愿杭州代言”活动荣获“一等奖”。

（毛波琪家长　杭州师范大学东城第二小学）

上述案例中，我们看到一个腼腆内向的小女孩成长为落落大方的少先队大队长、杭州市红领巾志愿者，其志愿活动从一个人到一群人，再到全校、全社区，如此跨越式的发展离不开家长的支持和陪伴。家长在这个过程中充当着倾听者、陪伴者，也是孩子的榜样。这是一个孩子成功的秘诀，也是一个家庭成功的秘诀。

家庭教育是成己达人的途径之一。志愿活动有助于成就孩子强大的自我认同感，维系家庭亲子关系，家长通过言传身教，发挥榜样的作用，提高孩子对劳动过程、劳动成果的价值获得感、存在意义和自我实现的幸福感，以劳增智、以劳育美、以劳健体、以劳创新，以劳动创造幸福生活，让孩子会劳动，爱劳动。

父母陪伴孩子成长的过程，是一场自我修行，育儿之旅道阻且长，上下求索方得真知。“五育融合”是新时代中国教育变革与发展的基本趋势。在家庭教育中打造“五育融合”的育人情境，用心教育，智慧陪伴，力求最大限度发挥家庭活动中“五育融合”的育人价值；通过五育并举、融通融合，对孩子进行德性涵养、智慧培育、体魄强健、艺术陶冶、劳动磨砺，使孩子具有“仁爱之心”“睿智之脑”“健康之体”“发现之眼”“创造之手”，从而引领孩子在幸福成长的路上走向未来！

第二节 沟通交流：打开心门有密钥

在人与人的交往中，无论场合正式与否、无论人数多寡，处处离不开沟通交流。沟通能使双方心意相通，交流是彼此把己方的信息与对方分享。通过互相沟通，信息流动，双方能够有思想与感情的传递与反馈，最终达成一致意见，和谐相处。社会交往如此，家庭互动亦然。

苏霍姆林斯基说过："对孩子来说，父母的爱、友谊和相互支持，是引导他进入复杂的人际关系世界的范例。""家庭，是人类真正爱的一座学校。这种爱是相互信赖的、严格的、温柔的，而且是严格要求的。"著名教育家蒙台梭利也倡导"以儿童为中心""尊重儿童"。耐心倾听孩子说的话，充分尊重他们的主张，通过沟通与交流去达成共识，有助于实现父母与孩子间的真正融洽。

随着《中华人民共和国家庭教育促进法》的颁布、素质教育的深度推进和"双减"工作的有效落实，家长们更深刻地认识到，依法带娃、科学带娃，加强彼此的沟通交流，能有效地增进亲子感情，有助于构建文明、和谐的家庭关系。上城区教育局打造的以"星级家长执照"为核心内容的区域性家长学习服务体系，也极大地丰富了家长的育儿知识，提高了家长的教育意识，成为家长解决亲子沟通问题时的好帮手。

通过沟通交流，让孩子打开心门。构建和谐家庭关系的方法有很多，下面为大家提供几条建议：

一、阅读共学

“在这个世界上，没有比读书成本更低廉、效果更明显的自我教育的方式和手段了。”家庭作为人最原始的成长环境和接触社会生活的基础，没有任何一个教育场所的教育能像家庭教育那样长久、广泛而深入。“双减”以后，阅读重获家长的青睐，亲子阅读时间较以往有了大幅增加，“阅读共学”成为一种比对话优先级更高的交流方式。

1. 亲子阅读好处多

亲子阅读能帮助家长更直接地关注到孩子的阅读习惯及能力。孩子在家长的陪伴下更容易提高阅读能力。父母和孩子共同养成每天阅读的习惯，让亲子阅读成为双方都习以为常的家庭时光。父母静心阅读，并适当地与孩子进行交流，能帮助孩子更快地进入阅读情境。

亲子阅读可以促进孩子的认知发展。鉴于低年龄段的孩子特别喜欢绘本阅读，家长可以让孩子从绘本的图画中学会观察，在故事讲述时学会倾听，从丰富的绘本内容中认识不同类型的事物，在模仿人物的神情语气时感受情绪……这个过程看似简单，但对孩子们而言是一种多样化的体验，带来的是不可估量的认知水平的提升。

亲子阅读可以培养良好的亲子关系，日本绘本之父松居直认为，“亲子阅读是一段充满温暖语言的快乐时光”。在亲子阅读中可以营造轻松的家庭氛围，帮助家长多方面、多角度地了解孩子。家长与孩子同步阅读，继而产生共情，变得更容易相互理解，家长可以更好地引导孩子通过书中的美好去发现世界的美好，去体会更多的幸福色彩，塑造积极向上的人生观和世界观。

2. 阅读“三路径”

“双减”背景下，以“共阅”提高阅读兴趣、以“共阅”提升阅读能力、以“共阅”激发阅读学习力，能让亲子共读成为孩子打开心门的密钥。

路径一：打造家庭书房

想让孩子成为“阅读像呼吸一样自然”的人，就必须引导家庭打造儿童阅读环境。家长可以为孩子设置一个书房，或是让孩子拥有一个独立的图书角，1 个书架、1 张垫子、1 盏台灯就可以营造出阅读的氛围。可以根据孩子的兴趣爱好来定期购书，设置每月固定的选书日，营造出一种独特的仪式感。除了网上购书，家长还可以定期带孩子去逛逛线下书店，共同选择喜欢的书籍。书店里那种人人阅读的氛围能够让孩子比以往多出数倍的热情，还能够让孩子在翻阅中享受高山流水觅知音的满足感。

路径二：营造阅读阶梯环

“合抱之木，生于毫末；九层之台，起于累土。”知识积累是个长期的过程，阅读不是一蹴而就的，需要不断地引导。随着孩子年龄的增长，家长可以在语文老师的协助下，与孩子共同制订一个阅读计划，全家人一起选书、看书，一起给书籍归类，一起讨论，把书中的知识情景化、日常化。

路径三：塑造阅读生态链

亲子的“阅读共学”需要学校教师的引领。家校共育可以借助上城区推出的“星级家长执照”平台引领互动，使平台成为驱动亲子沟通的新引擎。家长还可以积极参与学校定期开展的“书香家庭”“心灵书屋”等阅读活动，在沟通交流中与孩子共同学习、交流心得、深化感情。

案例 5-2-1　陪你一起快乐逛“书河”

“双减”前，家长们总觉得一年级学生“作业与眼泪齐飞，拼音共写字一色，闹钟唱晚，爹娘惊寒；不弄个鸡飞蛋打、一地鸡毛，都对不起之前的心理建设”。随着《中华人民共和国家庭教育促进法》的落地，为了助力孩子成长，缓解家长焦虑，杭州市丁兰第三小学开展了“依法带娃讲策略，家校合力促成长”的家庭教育漫谈会，从家长最真实的痛点出发，倡议用合适的交流方式，高质量陪伴孩子成长。

一年级的凌子徐的爸爸常与孩子开展“亲子共读”（见图 5-2-1），他从阅读习惯方面分享了教育理念与见解，引起了与会者的热议与赞同。

图 5-2-1 亲子共读

一是“工欲善其事，必先利其器”。家长想要帮助孩子养成良好的阅读习惯，应该先给孩子提供一个独立的图书角；还可以针对阅读内容，找话题营造讨论氛围，提升知识点使用率；或是用“阅读存折、月度积分制”等快乐陪伴方式，激发孩子阅读的自主性。

二是“先易后难，学以致用”。为了避免让孩子产生畏难心理，家长可选择“绘本→漫画→文学”的进阶模式。把书中的知识场景化，让孩子带着知识走进世界，如体会《忆江南》中“日出江花红胜火”的春景；用“红于二月天的霜叶”做书签；和冬日暖阳下的“断桥残雪”合个影……

三是“以身作则，言传身教”。家长是孩子的首任启蒙老师，没有几个甩手掌柜能将“小白”培养成“超级店长”。家长要先行动起来，积极带领孩子参与学校社区组织的阅读活动。

（凌子徐家长　杭州市丁兰第三小学）

分析上述案例，可以发现凌爸爸非常重视孩子的阅读，在别的家长担忧学业的时候，他就巧妙地以“阅读共学”的方式打开了与孩子沟通交流的大门。他善于通过营造文化的归属感，建立正向激励的机制，激发孩子的阅读兴趣，给孩子一个快乐轻松的家庭氛围。同时，他还精心设计了阅读计划，通过阶梯式的阅读模式帮助孩子提升阅读能力，并陪着孩子去户外体验书中的世界，倡导“读书和运动，灵魂和身体总有一个要在路上”。通过凌爸爸潜移默化的影响和亲身示范，目前凌子徐的阅读习惯的培养已经卓有成效。

二、交流共心

走近孩子，需要走进他们的内心，交流沟通是重要方式之一。让孩子在交流中感受到父母的支持，知道父母与自己是一条心的，这就是我们所理解的“共心”，即两颗心在同一层面，能够感知到对方的想法、感受。中国人民公安大学的李玫瑾教授认为人格的培养首先是主要抚养人要跟孩子之间建立起密切的关系，之后才会形成依恋关系，这样后面的亲子教育才会水到渠成。在交流中，通过“共心”建立密切关系，让孩子感受到父母在乎他们的感受，与他们一起难过、一起开心，会用他们的方式帮助他们，是“穿同一条裤子”的自己人。生活中有许多家长遵循以下原则，让自己成为孩子眼中的“自己人”。

（1）沟通关系——平等。实际运用中，“平等”一词多用于两个年龄相仿、层级相近的个体，但平等的用法不止这样，也可以用于上下级、长者与青年、亲子关系之中。父母从孩子出生时起就肩负着责任，出于对孩子的负责，家长教会孩子生活、教给孩子知识。家长以师长的身份首次出现在孩子面前，是一位长者。但在沟通过程中，长者的身份往往会让孩子感觉疏远，不愿意继续沟通，尤其是上学后，教他们的人更多了，他们更想被平等对待，想在平等中表达。

（2）沟通过程——一致。首先，亲子沟通即父母与子女的沟通，就独生子女家庭而言，三个人会有两种亲子关系的存在，即母子（母女）、父子（父女）关系。我们常说父母不能在孩子面前吵架，父母双方意见不一致时，孩子会不知道应该听谁的、听谁的才是正确的。沟通也是如此，父子（父女）与母子（母女）的沟通应该是一致的，只有父亲与母亲在同一方向，孩子才更容易找到方向。其次，亲子沟通中，其结果应当与父母、孩子的要求和期望相一致。家长在每一次沟通中都应该有明确的目的，并能够切实了解孩子的需求，了然于心方可让沟通更顺畅。

（3）沟通质量——高效。亲子沟通无非出于两个目的：一是解决出现的问题，二是增进亲子关系。前者的沟通质量的判定较为简单，问题解决即沟通成功、问题暂未解决即沟通失败。以增进亲子关系为目的的沟通，其沟通质量则无法简单判定，更多反映在孩子平日的表现中：相比较于说教式沟通，孩子更喜欢分享型沟通；相比较于一心二用式沟通，孩子宁愿不沟通；相比较于批评、指责，孩子更愿意听到表扬；相比较于要达到怎样的目标，孩子更希望知道怎么走向目标。

试想一下，以下几种情况是否在您和孩子的身上发生过？

每天回到家，我和孩子都会相互分享当天发生的事。

讨论学习只是我和孩子的沟通中的一小部分，我们把更多的沟通话题留给了生活。

每次和孩子沟通时，我都会放下手机、放下工作，全身心地投入与孩子的互动之中。

当我与孩子意见不同时，我会听孩子说一说他的想法，并站在他的角度考虑问题。

除了知识教育，我十分关注孩子的生活教育，会用各种方法让他感受到自己是家庭中的一分子，引导他主动承担家务。

每周我都会留一些时间和孩子一起复盘一周活动。

我从来不和孩子打马虎眼，和孩子的约定我一定会遵守。

相比较于学业成绩，我更愿意关注孩子的进步。我会寻找并发现他的优点，给予肯定和表扬。

上述情况中，如果大部分都发生过，说明家长和孩子之间的交流是高效的、沟通是顺畅的，家长和孩子之间的关系是亲密的，孩子非常乐意与家长分享生活，诉说心事。如果在这一方面还有很多不足，也不用着急，家长可以主动做出改变，并告知孩子“你可以……”“我愿意……”“我们一起……”。案例 5-2-2 中的赵既明的妈妈就是善于和孩子沟通交流的家长。

案例 5-2-2　交流共心，爱达未来

一个月前，既明跟我撒娇：“妈妈，我要一套‘机甲僵尸’。”一听到“僵尸”二字，我就皱起了眉，主要是不希望孩子接触太多与网络游戏有关的东西。之后我一查价格，一套竟然要 100 多元，就更觉得不应该买。为了让他打消念头，我设定了一个苛刻的条件，对他来说甚至是一个“不可能完成的任务”——“一个月内，每天坚持下围棋，赢棋达到 25 盘，就买。”没想到，前几天他真的实现了目标，来找我兑现承诺了。我一进家门，小家伙就冲出来迎接，兴奋地喊着：“妈妈，我可以买‘机甲僵尸’了。”看着孩子满是期待的眼神，我咽下了“毁约”的话。看到孩子收到礼物闪着光彩的眼神时，我庆幸自己没有毁约。

（赵既明家长　杭州市胜利瑞丰幼儿园）

案例中的赵妈妈在和孩子的沟通中关注孩子的情绪，在乎孩子的感受，即使她对“机甲僵尸”是排斥的，也没有简单粗暴地回绝，打破孩子的希望。她把自己的孩子当作独立的“小大人”对待，也正是因为如此，她提出的“苛刻条件”也能被孩子轻易地接受。有了“机甲僵尸”作为动力，孩子完成了对他来说是几乎不可能完成的任务——赢 25 盘棋，达到了赵妈妈的期望；赵妈妈信守承诺，买了一套“机甲僵尸”，满足了孩子的愿望，可见本次沟通是成功的。成功的根本原因就在于两个人在沟通中分别提出了自己的期望，并能达成一致。赵妈妈是智慧的，她知道如何与孩子沟通，更知道如何通过沟通提升孩子的能力。

三、悦纳共情

在亲子沟通中，父母不仅是孩子的第一任老师，还是孩子最初的交流对象。和谐沟通理论认为“对于出现的问题，人们都可以通过言语上的沟通与交流来合理地解决”。在日常生活中，亲子间常见的沟通方式也大多基于语言的传递。实际上，亲子双方还可以通过非语言的形式如肢体动作、情绪以及神态的变化等表达情感，与孩子进行沟通交流。一个愤怒的眼神可能会让正在哭闹的孩子噤若寒蝉，一个温柔的拥抱则能让伤心欲绝的孩子快速平复情绪。当然，非言语的沟通形式对孩子发展稳定情绪、适应社会环境以及家庭环境和谐发展也具有重要意义。

1. 培养“共情”能力

“悦纳共情”是亲子沟通的重要方式之一。这种沟通方式以非语言交流为主。悦纳的主体指向父母，是指在亲子沟通中，父母通过同理与共情从心底里主动理解、接纳孩子的各种负面情绪与不当行为，而非父母被迫接受孩子的现状，合理化其行为，进行“自我宽慰式”的调节。许多家长在孩子中小学阶段都会有“和孩子越来越难沟通”的困扰。究其原因，是孩子没有感受到父母发自内心的理解与接纳，没有足够的安全感和自信向父母倾吐心声。

河北师范大学的一项调查研究表明，父母的共情能力与孩子的安全感、社会适应性呈正相关。父母通过悦纳共情的沟通方式让孩子感受到被理解、被接受以及“爸爸妈妈会和我一起面对”的安全感，不仅能够拉近与孩子的距离，促进家庭环境的和谐发展，还能让孩子在沟通中学会悦纳共情的方式，提升其沟通水平，促进其社会化发展。

2. 学会“共情”技巧

善用肢体，表达肯定。在日常生活中，父母要经常肯定孩子的言行，一个赞许的眼神、一个竖起的大拇指，都是认可与肯定。不以严苛的标准要求孩子，不随意否定孩子，要包容孩子的“无心之失”。只有这样，孩子才会愿意分享他的情感，有沟通的意愿，与父母沟通时，才不至于情绪过度压抑或高涨。

共情感受，专注倾听。当父母感受到孩子的负面情绪，想要表达关注和关心时，就要停下正在做的事情如玩手机、看电视，只关注并倾听孩子，让孩子感受到被重视。并用“假如我是孩子”的换位思考，推测出孩子在事件中的情绪，耐心倾听孩子的叙述，用合适的语言把这种情绪说出来，让孩子感到父母的理解和接纳。

开放询问，引导建议。在孩子犯错时，父母不要急着告诉孩子后果的严重性以及解决办法，可以告诉孩子“每个问题有至少两种解决方法”，用开放式询问的方法引导孩子尽可能多地想出问题的解决方法。例如，“你认为这个打碎的碗要怎么收拾？”或者“让我们一起来想想解决方法好吗？”在孩子给出方法后，父母可以和孩子一起讨论哪种方法更好或提供一些建议，并表示会给孩子提供帮助，让孩子感受到自己背后有父母强有力的支持。

案例 5-2-3 求抱抱的小男孩

家里的萌娃10岁了，是个暴脾气。晚上，他突然跑进来，朝我怀里钻，轻声但一直坚持说要抱抱。于是我就搂着他抱了会儿，过了一会儿他还是赖着不走，还是要抱。我一问原因，原来是他惹爸爸生气了。“因为他打了我，还是直接砸在我脸上！”外面传来他爸爸的告状声。孩子为什么会打爸爸呢？孩子略带哭腔地告诉我，爸爸帮他把花盆搬进屋，他提醒爸爸不要抓花架，花架容易掉落，可爸爸坚持抓着花架把花盆搬进了屋，于是他就……原来这么回事，父子俩友谊的小船说翻就翻！

其实，孩子从心里明白打爸爸是不对的，心虚躲到我这儿来了。我耐心告诉他，他现在的年龄，情绪失控是正常的，他对自己制作的花架很重视，生爸爸的气我都可以理解。但打爸爸是原则性的错误，要好好想一想，怎么样才能控制自己的情绪，才能获取爸爸的原谅。

我又去找爸爸，他显然还在生气。我们一起阅读了“星级家长执照”平台的几篇文章后，我对他说：“我知道你是想和孩子开玩笑，可你也要想一想，在他看重的事情上孩子不想开玩笑。”“可他也不能打我脸呀！”“是啊，他不应该，可你是爸爸，他说不过你，也打不过你，你又坚持搬花架，他一急就做出这种‘大逆不道’的事了，毕竟他才 10 岁，控制情绪的能力有限，解决问题的经验更有限。”爸爸听后气也消了些。睡前我又抱了抱孩子，告诉他爸爸还不想和他说话，明天记得找爸爸诚恳道歉。孩子点点头同意后，也平静地入睡了。

（范晓逸家长　杭州市滨江第一小学）

案例中的范妈妈是一位懂倾听、善思考的家长。她通过学习“星级家长执照”平台的资源，掌握了亲子沟通的诀窍：共情、悦纳与倾听。范妈妈能理解孩子情绪失控的状态，共情孩子愤怒的情绪，更能换位思考，站在孩子的角度去倾听孩子的理由和他眼中的“事件真相”，理解孩子心中看重的事情和他的情感需求。她的拥抱和耐心细致的倾听，让孩子感受到被尊重、被理解，抱怨与内疚也在“抱抱”中逐渐淡化。相信可爱的“抱抱”会在有爱、有趣的家庭氛围之中帮助孩子逐渐成长，帮助孩子慢慢地提高控制情绪的能力。

四、互动共享

父母对子女，往往并不缺乏“爱”，只是“以爱为名”的言行未必能得到孩子的理解。尤其是当孩子逐渐长大进入青春期（初高中阶段）以后，自我意识进一步发展，渐渐从家庭中游离，对父母的话产生怀疑，更愿意与同伴交流互动。这个阶段，是孩子体质、心理、智力发育的关键时期，也是最容易发生亲子冲突的时期。此时，家长最需要的是不被表象蒙蔽，主动出击，打破藩篱，积极寻求解决之道。

随着生育新政的实施，二孩、三孩家庭逐渐增多，但这些家庭中的家长大多是独生子女，自己的童年时代备受关注却孤单寂寞，如今有机会让自己的孩子有了血脉相连的兄弟姐妹，自豪感和满足感自然也是加倍的。但同时，多孩家庭会遇到更多的教育问题，如何平衡对孩子们的关爱，如何面对手足间的竞争与冲突，如何保证处理事情的公平与公正……这将更考验父母的智慧。

案例 5-2-4 中的胡妈妈就是将以上问题巧妙解决的智慧型家长。

案例 5-2-4 从“猫和老鼠”到“亲密盟友”

我有三个孩子，还都是儿子，如今老大上初一，老二上五年级，老三上幼儿园大班。平日里虽不至于上房揪瓦，但让人心累真不是一点点。

老大以往一直乖巧听话，但自从上了初中，与我们的关系变得微妙起来。有时指出他做得不好的地方，他认错态度很端正，但实际却阳奉阴违。比如最近他沉迷于一本网络游戏的连环书，不能自拔，影响做作业，还撒谎骗人。更让我恼火的事是，老二也趁我无暇顾他，偷看类似的游戏书籍。而老三则在两位哥哥偷看游戏书的时候帮他们“望风”。

我当时真的非常生气，但逼着自己冷静下来。应该怎么教育呢？我想到了“星级家长执照”平台，里面有“如何做通情达理的家长”“如何改善教养方法，让孩子做有担当的小公民”等文章，简直是干货满满！我细细阅读，决定怀着同理心与孩子沟通。

于是，我和爸爸商量好，全家人都坐在一起开了个家庭会议。先是爸爸妈妈和孩子分别分享自己喜欢的课外书，以及对这些书的看法。之后展开讨论：课外书是“好朋友”还是“坏朋友”？我们可以如何结交“新朋友”？如何让“朋友”一直做我们的“好朋友”？三个孩子都献计献策，最后达成一致，平时去结交更多的“朋友”，比如运动、器乐、经典好书，节假日、寒暑假和游戏书、网文约好“相处”时间，大大方方在家里该看看该玩玩，并约定好相互督促。

这次会议的效果很不错，孩子们不再偷偷看游戏书，学习状态好了很多，我也不必再在“猫和老鼠”的争斗中耗神耗能。现在，我们共同的盟友就是“星级家长执照”平台，它让我学会冷静平和，学会倾听，拥有同理心，能与孩子达成有效交流。

（胡成恺妈妈　杭州市杭州中学）

案例中的胡妈妈，是拥有三个孩子的全职妈妈。当发现问题时，她十分有心地走好了三部曲：一是在“星级家长执照”平台上学方法，“他山之石，可以攻玉”；二是换位思考同交流，通过经历的分享、充分的讨论，和孩子开好“家庭会议”；三是互相督促达共识，把承诺落实在行动上。她与孩子巧妙互动，引导孩子参与家庭事务，让每一个家庭成员都能好好表达意见，得到被尊重的满足。

美国纽约圣约翰大学 MBA 毕业、工作九年后成为全职妈妈的汪培珽女士曾经在自己的书中写道：“爱是一种感情。感情，就一定要能交流。单向的感情，多半只是一厢情愿。当孩子知道你爱他，你才能收到他对你的爱。”家长和孩子有根植于血脉的浓浓亲情，不可分割。我们要做的，就是耐心沟通、互相理解、顺畅交流，让爱流进孩子的心田，让他们打开心门、敞开心扉，最终回报给家长满满的幸福！

第三节
衔接教育：从容面对有路径

孩子从出生到学走路、学说话……都是在家庭环境中成长的，直到接触到第一个系统教育——学前教育，开始他一生的学校学习。从小学到初中的义务教育，是没有专业、职业指向性的基本教育，在我国是面向全体学生的国民素质教育，对每个孩子的发展都至关重要。而普通高中和职业高中，则是承接于“九年义务教育”之后的更高等的教育，是人生的一个重大转折点，下启大学甚至是后续职业发展等内容。每个教育阶段，家长可以帮助孩子做好哪些准备、哪些衔接呢？衔接教育又是如何滋生、怎么进行的呢？

我国早在20世纪80年代就从国家法律层面强调各级教育协调发展、建立和完善终身教育体系的必要性和重要性。教育部于2014年颁发的《关于全面深化课程改革落实立德树人根本任务的意见》中提到“基本建成高校、中小学各学段上下贯通、有机衔接、相互协调、科学合理的课程教材体系；基本确立教育教学主要环节相互配套、协调一致的人才培养体制；基本形成多方参与、齐心协力、互相配合的育人工作格局。”由此可见，构建终身教育体系中

“促进各级各类教育的纵向衔接”的重要性。实现各学段教育衔接是构建终身教育体系不可或缺的环节。

衔接教育需要顺应学生身心发展规律的客观需求，形成多方参与、齐心协力、互相配合的协同育人工作。把学生的学习和成长看作一个完整的过程，把学生前一个阶段的学习、成长经验与后续的学习生活连接起来，促成学生完整的、连续的“一个经验”的形成。从学校和家长“两个主体”的协同，拓展衔接教育本质，通过学生年龄与心理特点的“连接点”、各学段发展重点的“生长点”、多方协作推进的“配合点”这三个要点发力，聚焦衔接教育的核心。

上城区一直以来致力于推进衔接教育工作，通过区内各学段衔接教育开展面向衔接教育四期样态的经验案例，渐进贯通地助力父母和孩子提前做好充分的准备，做好转折点上的教育，发展孩子的适应性，让孩子轻松走过这些转折点。

一、一期样态：入园焦虑期——“还有个家是幼儿园”

入园焦虑期的突出表现为分离焦虑情绪。英国心理学家鲍尔比将分离焦虑分为三个阶段：反抗阶段——号啕大哭，又踢又闹；失望阶段——断断续续地哭泣，动作上的情绪宣泄减少，不理睬他人，表情迟钝；超脱阶段——接受外人的照料，开始正常的活动，如吃东西、玩玩具，但是看见父母时又会出现悲伤的表情。

案例 5-3-1 我就要妈妈

艺艺（化名）看着保育员端着饭菜走进教室，边用餐巾纸擦眼泪边说：“我要妈妈，我要妈妈……”老师坐在艺艺旁边的小凳子上，拿起勺子把一勺饭喂到艺艺嘴边。艺艺摇手拒绝，并哭着喊：“不吃，不吃……我就要妈妈。”“妈妈上班，艺艺上幼儿园，老师陪着你好吗？”老师边说边试图把饭送进艺艺的嘴里，但艺艺的嘴巴还是紧闭着。

（杭州市天艺幼儿园）

上述案例中艺艺在入园第一天的表现，是入园焦虑期的典型表现之一，说明艺艺正处于分离焦虑的反抗阶段。艺艺通过“反抗”引起老师的关注，试图“赢得”不上幼儿园、回家找妈妈的“胜利”。这时候老师可以以“妈妈”的身份陪伴在艺艺身边，尝试和艺艺建立友好的师生关系。这是抓住处于入园焦虑期阶段的孩子年龄、心理等方面的特点，通过符合其年龄特点的共情陪伴的教育形式，实现有效的衔接教育。幼儿园、小学、初中和高中各阶段的学生有着不同的年龄、心理特点和相应的智力发展水平，多元形式的衔接教育需要基于了解这些特点来开展。

入园焦虑期的阶段性表现也会有个体差异，帮助孩子缓解入园焦虑需要一定的策略和方法，需要家园合力、共同面对。主要建议如下：

（1）亲子同准备。家长要关心幼儿，不要因为工作繁忙或者孩子还小等原因采用“忽视”的教育方式和态度。要在意和满足幼儿的正常需要，关注亲子的“在场感”，在早期就建立起良好的信任和沟通的亲子关系。

（2）习惯早培养。家长要懂得放手，学会培养幼儿独立自主生活的能力。在日常生活中对幼儿过度的包办代替，将使得幼儿的生活自理能力、问题处理能力无法得到培养；当幼儿离开父母进入幼儿园后，面对一系列需要独自应对的难题时，就会产生焦虑的情绪。作为家长应该时刻注意培养幼儿的独立性，不要让幼儿对家长产生过度的依赖感，要逐渐培养幼儿具备独立生活的能力、养成良好的生活习惯。

（3）引导需正向。幼儿在成长的过程中会无法避免地产生各种问题，家长要正确面对问题，这就需要家长自身有正向的视角，然后对幼儿进行正确的教育和指导。面对幼儿的错误要慎重地选择批评和指导的方式，当家长发现幼儿犯错误的时候，首先应该选择和幼儿进行交流与沟通，帮助幼儿分析问题，让幼儿发现并承认自己的错误，帮助幼儿及时改正，避免作出负面的引导促使幼儿产生更多的焦虑情绪、情感。

二、二期样态：学习适应期——“可能这道题也不难”

从幼儿园过渡到小学后，学校生活在教学内容、教学方式、教学目的等方面都有很大的变化。面对新的学习阶段，有些家长会单一地把学业结果作为导向，导致孩子在衔接阶段感觉困难重重。我国小学教育是将德智体美劳全面融入教育中的教育，儿童通过养成良好的学习习惯、学习态度、学习素养，以尽快地适应学校生活，这对其后续的学习生涯有着至关重要的影响。

案例 5-3-2 学习适应也不难

小王妈妈：孩子进入小学，班主任和我反映孩子课堂上不遵守纪律，爱讲话、容易开小差。我立刻火冒三丈。班主任建议我等心情平复下来之后和孩子好好聊一聊，看看是什么原因导致了他的这些行为。我试着用平和的语气和孩子聊了聊天，孩子居然和我说了很多，说他是因为“这些内容太简单了，不想听”才会开小差的。了解原委后，我适时沟通，孩子逐渐意识到他的学习习惯容易导致他错过一些需要掌握的知识，开始慢慢改正。

小姜爸爸：孩子进入小学，我已经好几次接到老师的电话，说孩子肚子疼，可每次一接回他他就生龙活虎。后来，经过和班主任沟通，我意识到孩子不适应小学学习，遇到难的数学题目不想思考，想要逃避。所以每当数学教师给他单独辅导未完成的课堂练习时他就装病。在班主任的指导下，我们和孩子约定：遇到难题可以问老师、问同学，不能装病，如果再犯懒，就要罚金穗卡（学校独有的评价制度）。本学期孩子的数学解题能力有了极大进步。

小虞妈妈：我们家孩子进入小学后总是要玩手机到深夜，我骂也骂过了，打也打过了，甚至还试过给予金钱奖励，但都是治标不治本。老师也反映孩子课上经常无精打采，到了下午总是忍不住在课堂上打哈欠，真后悔之前允许他用手机。好在班主任及时介入，了解到孩子玩手机的原因是想看动画片。于是我们和孩子在班主任的见证下约法三章：不用手机而用电视看动画片；每 5 天可以看 1 小时，在校在家表现都有进步的情况下可以多看 1 小时。孩子欣然接受。本学期孩子进步明显，举手发言更加积极。

（杭州市夏衍小学）

上述案例中三位家长都在孩子的学习适应上遇到了困难，最终在班主任的帮助下，通过家校共育，助力孩子跨越学习适应期这道坎，平稳快乐地融入小学生活。可见家长提高参与意识、主动沟通、加强家校共育是学生的衔接教育的有效抓手。衔接教育的开展不是一方的教育行为，不能单向地依靠一方。单向解决只能作为衔接之前的预防准备，衔接问题出现之后，只要找到多方相互配合的形式，协作推进，学习适应期这道题也不难解。

学习适应期，需要的是在高质量的陪伴和发展的眼光中助力孩子适应，主要建议如下：

（1）衔接早准备。幼小衔接不是短期行为，在幼儿园全阶段，都要科学地关注到孩子学习态度和学习习惯的养成，降低后期衔接适应的难度，协助孩子顺利过渡到小学。

（2）变化需尊重。父母能够正确对待和评价孩子在小学适应过程中的各种表现，能够主动了解和认识孩子身心发展的一般规律和特殊性，从发现孩子潜在能力和兴趣的角度，鼓励和引导孩子，帮助其树立自信心。

（3）家校多陪伴。在家长的能力范围内，创造陪伴的机会。固定时间安排家庭日活动，在陪伴中促进亲子关系和谐发展。同时，家长要关注学校的活动、孩子在学校的表现，有了解、有依据、全面地帮助孩子有目的、有计划地开展小学的学习与生活，更好地帮助孩子一步步养成良好的行为和学习习惯。

三、三期样态：青春启蒙期——“请你和我面对面吧”

青春期是儿童生长发育到成人的过渡时期，一般为10—20岁，表现出以性成熟为主的一系列生理、生化、内分泌及心理、行为的变化。成为一个自主独立的人是青春期孩子发展的任务之一，其中情感自主是指个体在青春期对父母的依赖减少，开始建立家庭之外的情感联系。此阶段，和孩子正确、有效地面对面交流，帮助孩子建立辩证的思维以促进其社会适应性的良好发展，是重要的衔接内容之一。

案例 5-3-3 “双减”政策下家长帮助缓解孩子焦虑情绪

江江回家就嚷嚷：“要数学考试了，好紧张！”妈妈先问了江江原因，听了她一顿“吐槽”后，说道：“慌啥，考不上大学以后我养你呀！”

江江笑了：“不至于。”看到女儿情绪得到了纾解，妈妈便继续沟通：“宝贝啊！‘双减’了，期末考可能不算分，而且据说今后录取比例会增加！考试中简单的努力不出错，难的仔细做，尽力就好了！”

见女儿还是紧张，妈妈还将自己的考试经历作为案例说了出来，试图缓解江江的焦虑。这时爸爸回来了，江江求救道：“爸爸，你得帮我好好复习。”“放马过来啊！”爸爸双手一比画，以武学者的姿态缓解了女儿的焦虑。晚上，父女俩探讨了许久……

第二天的测试中，江江综合题全对，基础题有些小失误，暂时解除了此次焦虑危机。江江的爸爸、妈妈运用了转移、宣泄、文饰的方法，帮助女儿缓解考前焦虑。

（杭州市钱江新城实验学校）

上述案例中，我们看到了该家长主动用有趣的方式和孩子沟通，帮助孩子缓解成长压力。可见家长自身采取适宜的方式方法，是青春启蒙期亲子共同成长时面对衔接问题的有效措施。青春期的孩子既有自己独立的需求，又有和父母沟通的意愿，心理变得更加敏感。心理的变化会影响这一阶段孩子的生理健康、学习效率、行为问题、情绪问题等。家长需要主动关注孩子，适时、适地地和孩子进行面对面交流、心与心沟通。主要建议如下：

（1）客观看待重沟通。对于青春期的孩子，一切新鲜的事物都是具有影响的家长，对孩子接触新事物这一行为的认识不足会导致存在一定的偏见。家长只要做到与孩子合理沟通，就会意识到适当接触新事物反而是可以规避一些风险的。家长应该端正态度，抛掉偏见，用学习的态度去了解孩子们接触的新事物。对于这些新事物，孩子接受起来往往比家长要快得多，家长们不妨放下自己的偏见，更加贴近孩子。

（2）正视期望善调整。家长对孩子抱有期待无可厚非，但是这样的期望真的适合自己孩子吗？期望应该是恰当的，是合理的，是循序渐进的。每个孩子都有自己独特的闪光点，单纯用一张成绩单就断言这个孩子不优秀、没希望，是不科学的。青春期的孩子，正在向成人过渡，家长要对他们合理期望，并适时调整。

（3）以身作则显规范。当家长张口闭口要求孩子去学习、去写作业，而自己却在看电视、玩游戏、刷朋友圈、线上购物，孩子怎么会心悦诚服地去学习、去写作业呢？独立自主意识越来越强的青春期孩子自然会觉得不平等、不公平，少不了要与家长对抗。观察模仿是孩子学习的重要途径，因此家长想要教育好孩子，必须要树立洁身自好的形象，时刻知道有孩子在看着自己，多反思自己的言行举止。

四、四期样态：成长规划期——“原来这个选择不错”

初中升高中（包括普高和职高）是孩子和家长面对的孩子人生的一个重要选择。成长规划期孩子的发展呈现如下特征：关注层次提高，对社会各方面的关心程度增强，有一定的评价能力并转换为自己的动机与行为，体现自身的价值观；自我意识进一步增强，要求别人了解、理解和尊重自己。这一时期孩子的发展亟需家长和孩子一起做出科学合理的成长规划，孩子后续即将面临的人生道路选择和发展问题，家长和孩子可以凭此共同面对。

案例 5-3-4 我选择

身为初三学生的小明最近心情很郁闷，照他的话说，明明努力学习了可成绩就是提不上去，想进入重点高中太难了，心头越来越凉。“初一、初二成绩还行，但上学期状态不好，连续好几天在玩手机游戏，所以期末考试考砸了。”小明感觉非常懊恼，现实给了他当头一棒。期末考试后，老师找他聊天，说如果上不了重点高中不如去上职业高中，他却很犹豫：“我也知道现在大学毕业也不一定能找到一份理想的工作，但周围同学都上普高了，我如果去上职高，总感觉很难为情。因为在很多人的印象里只有学习成绩不好、考不上普高的学生才去上职高。”可无论从知识的广度、深度还是难度上，高中都是初中无法比拟的。即便孩子勉强入学读普高，成绩能否跟得上“大部队”？对于这一问题，小明妈妈也曾进行思考。她觉得，现在要从更全面的视角来看待孩子后续发展方向的问题，是不是听老师的建议选择职高会好一些？

（杭州市上城区家长学校学生成长热线）

上述案例中的小明很犹豫，但自身又很有想法。因为社会上普遍对职高存在“歧视”，认为职高没有普高“好”，但其实这种观点并不正确。不管是哪类高中，都是为社会培养人才，只是培养的重点有所不同。这当中，小明妈妈和老师的交流思考，体现了家长在孩子成长规划期的重要性。不同学段的教育目标和内容是根据学生发展的平均水平编制的。对于处于一般发展水平或高于一般发展水平的学生，如果能有相应的发展规划，会让学生更好地适应新的学段。因此，明确现学段的发展重点，找准个体成长选择，能够帮助学生找到发展目标，实现有效成长。

成长规划期的重点在于心态的转换和长远规划的制订，主要建议如下：

（1）信息了解需全面。要了解各部门传递的教育信息和动态，可借助有效、科学的方式方法，梳理、辨析发展路径中适宜的教育方向。升学考试的目的就是通过选择让学生全面而有个性地发展，使得不同类型的学校能精准找到适合专业培养目标的人才。所以，家长要主动、全面地了解信息并和孩子共享。

（2）核心素养要紧抓。不管高中阶段在何种类型的学校接受教育，最重要的是要激发孩子主动学习的兴趣，促使孩子提高自律能力，越学越有信心，无论基于怎样的平台都能快速地适应，并树立通过努力可以实现的进一步目标。

（3）择优发展共规划。父母要不断反思自己的教养方式，结合孩子实际需要，对孩子提出合乎实际的要求、作出耐心细致的指导，和孩子一起在摸索中找到最合适的、最优的发展方式。要帮助孩子发现自己身上闪光的地方，将目光放长远，让孩子在自己感兴趣的领域走得更远，引导他们找到自己的理想和方向，过更有规划的一生，而不是一味和其他人比考试成绩。

正所谓学无止境，人的一生都将在学习中度过。作为占比较大且最为核心的学校教育阶段——学前教育、基础教育、高等教育、职业教育等，各学校需要按各自的性质和育人目标发挥各自应有的功能，在各学段之间相互联系、相互补充、协同运行，发挥教育系统的整体效应。做好教育的有效衔接，正是为了满足个体成长阶段性、连续性和多样性的教育需求，为孩子在不同学段之间的变化建立起相应的通道。同时，加强不同学段之间的开放程度和联系，促进多方的协同运行，也将是教育行政部门重点研究的课题。

综上所述，不同学段的衔接是孩子对新环境、新自我、新挑战的一种适应，更是共合作、共发展、共助力的教育多主体的协同。家长要和孩子一起在各个学段准确定位，差异发展，让孩子能从容面对每个阶段的教育。

参考文献

[1] 霍利婷．阿德勒个体心理学对家庭教育的启示[J]．基础教育，2008(8):60-62.

［2］陈静静．佐藤学“学习共同体”教育改革方案与启示［J］．全球教育展望，2018,47(6):78-88.

［3］［美］丹尼尔·西格尔，蒂娜·佩恩·布赖森．全脑教养法（新修版）［M］．周玥，李硕，译．北京：北京联合出版社，2020.

［4］［苏］B.A. 苏霍姆林斯基．怎样培养真正的人［M］．蔡汀，译．北京：教育科学出版社，1992.

［5］惠茜．阅读在家庭教育中的重要作用［J］．中国出版，2017(7):10-12.

［6］苗慧．自我教育的方式，情感沟通的纽带——谈家庭阅读的意义［J］．品位经典，2019(8):97-99,110.

［7］李碧．共阅·共悦·共跃：探寻“双减”背景下亲子共读新样态［J］．小学教学研究，2022(11):9-10.

［8］冯丽．父母陪伴与小学生自我意识和学业成绩的关系［D］．曲阜：曲阜师范大学，2011.

［9］高晓珍．社会工作介入城市小学生亲子沟通问题的研究——以南京市 X 小学学生为对象［D］. 南京：南京农业大学，2015.

［10］崔凤芹．怎么听，孩子才肯说——“共情式倾听”在亲子沟通中的应用［J］．中小学心理健康教育，2019(8):68-69.

［11］沈安平．最好的教育在家庭——斯坦福创业男沈岳成长启示录［M］．上海：华东师范大学出版社，2018.

［12］［法］保罗·朗格让．终身教育导论［M］．滕星等，译．北京：华夏出版社，1988.

［13］中华人民共和国教育部．国家中长期教育改革和发展规划纲要（2010-2020）［EB/OL］.(2010-08-02)［2022-11-03］.http://www.moe.gov.cn/jyb_xwfb/gzdt_gzdt/moe_1485/201008/t20100802_93705.html.

［14］赵金霞，王美芳．学前儿童焦虑的发展特点［J］．中国临床心理学杂志，2009,17(6):723-725.

［15］骆一，郑涌．青春期性心理健康的初步研究［J］．心理科学，2006(3):661-664,657.

［16］全国人大常委会办公厅．中华人民共和国职业教育法 最新修订本［M］．北京：中国民主法制出版社，2022.

第六章
需求引领的区域模式

家庭教育包罗万象，内容丰富、范围广阔。新生儿的父母会针对孩子的基本生活技能进行引导，学龄前孩子的父母会开始关注孩子的社会交往情况，小学生的父母则渐渐关注孩子的文化知识及学习习惯……随着孩子成长，父母的关注点会因为孩子的个体成长情况变得更具个性，家庭教育也因此变得内容更加丰富、范围更加广阔。

而不同区域、不同环境的家庭对于家庭教育指导的需求也存在着差异。根据区域内家长需求，“星级家长执照”平台通过“父母茶座”、成长热线、“益家有方”直播论坛等方式，提供个性化支持，多渠道、多途径积极实现家庭教育科学化、实效化与专业化。

第一节
父母茶座：疑难问题专家会诊

⊙

在我国，家长教育的主要形式经历了两个阶段：一是初期的由教师单方面发起的家校共育活动，也就是教师通过家访、家校联系窗、成长档案、家长会、开放日等活动搭建家校沟通桥梁，家长多处于被动接受的状态；二是家校互动形成家校共育模式，即家校之间通过家庭教育相关书籍学习、利用网络学习他人撰写的心得、借用微信公众号家长教育专栏开展专题研讨或由家长自发组织沙龙探讨等各种家长教育成长学习新形式。从被动接受到主动参与、从广泛式向小组式转型，家长的意识被不断唤醒，需求不断增加。

在这样的背景下，上城区家长学校创建"父母茶座"，缓解了不少家长在教育孩子的环节中出现的各种矛盾和焦虑。

一、"父母茶座"的设计与架构

"父母茶座"是家庭教育指导工作坊的一种形式，围绕一些能引起父母共鸣的育儿问题，广邀各方教育专家、有经验的家长抒发己见，可以是一种心得、一种收获，甚至是一种如释重负的感受……“父母茶座”是学校家庭教育指导的载体和平台，更是根据家长需求构建的区域模式。

上城区“父母茶座”于2007年11月3日“开张”，设在上城区青少年活动中心，由区家庭教育指导中心具体负责日常活动的开展。每逢双休日、节假日，有专门的老师在此“坐堂会诊”，义务为家长提供指导咨询。只要是家长心里有了疙瘩、碰到了困惑、遇到了棘手的难题，都可以到“父母茶座”坐坐，和值班老师聊聊；此外，“父母茶座”还开设一月一次的主题家庭教育指导活动，根据确立的主题，邀请家长、老师共同商讨、探究，旨在着力解决家庭教育中的共性问题。这一个公益性的家庭教育指导工作平台，逐渐赢得家长和社会的信赖，成为学校家庭教育指导向社区教育的辐射和补充。培养孩子，要“给孩子一个空间，让他自己往前走”“给孩子一个条件，让他自己去锻炼”“给孩子一个问题，让他自己找答案”“给孩子一点困难，让他自己去解决”“给孩子一点权利，让他自己去选择”。在这个平台的影响下，父母对孩子的教育有望越来越“专业”。

二、主题研讨，让每一项服务更有力

当代中国家庭教育表现出以下几个显著特点：家长教育地位的提升一定程度上加重了家长的成才焦虑，家庭结构、生活方式、家庭背景的多元化、复杂化使得各类家庭出现教育方面的新问题。

进城务工人员更多的是焦虑自己能否为孩子的成长助力，能从哪些地方助力的问题；小学生的家长不断地在“劳逸结合”与“分分必争”间做平衡与抉择；中学生的家长要面临如何与青春期的孩子相处的问题……依据各类家庭存在的各类需求，“父母茶座”在各学校呈现为“主题式”：比如依据学生成长时段形成的小学新生入学主题、十岁成长礼主题、毕业礼主题；依据父母在学生成长中的角色担当形成爸爸主题、妈妈主题；依据兴趣爱好培养形成阅读主题、运动主题、书写主题、艺术主题；依据问题类型形成的学习困难主题、亲子关系主题、心理问题主题……有共同探讨的需求，就能助力家庭教育更具科学性，促进父母教育能力的提升，更有利于家长依据心理学和教育学的知识，理解和掌握儿童身心发展规律、家庭教养方式的类型与利弊，合理运用家庭教育的正确方法。

1. 立足学生成长，分阶段设计主题

在实际操作中，很多学校经过调研、访谈，从家长与学生的立场，发现“良好学习习惯”“责任担当”“亲子沟通”“考前焦虑”等方面的问题在家庭教育中是最集中的。尽管梳理出了主题，但不同年龄阶段的学生因为身心发展水平不同，有着不同的急需解决的问题。因此，要立足学生成长，分阶段设计主题，在不同的阶段给予学生更有针对性的支持。浙江省杭州四季青中学的“四季家坊”就是按照这样的方式开展的。

案例 6-1-1　四季家坊

浙江省杭州四季青中学经过调研、访谈，从家长与学生的立场，发现家庭教育中急需解决的主题（见图 6-1-1）。

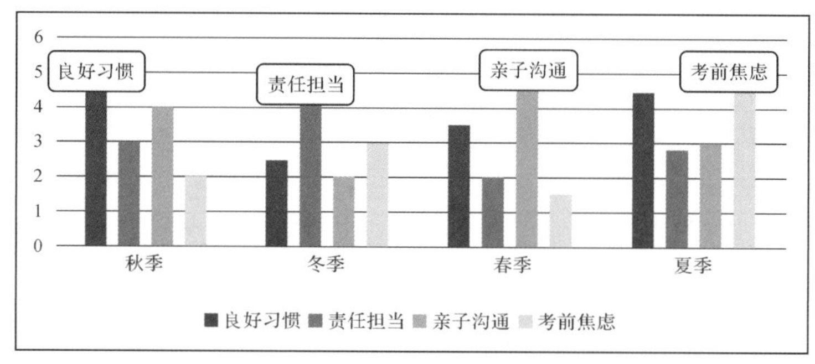

图 6-1-1　浙江省杭州四季青中学家长调研结果统计图

遵循正面管教理念，学校构建了“四季家坊”，由“一心、二队、三

辅”组织而成，以“打造四式家庭教育，守护孩子健康成长”为目标，立足家长与学生的需求，分阶段提炼了“秋——习惯和适应，冬——情怀和责任，春——规划和沟通，夏——乐观和焦虑”操作内容（见图 6-1-2），旨在提升学生的幸福指数。根据学生的学习历程，顺应学校、家长的实际需求设定主题，春、夏、秋、冬对应了学生成长的各个关键时期，这样的设计非常科学。

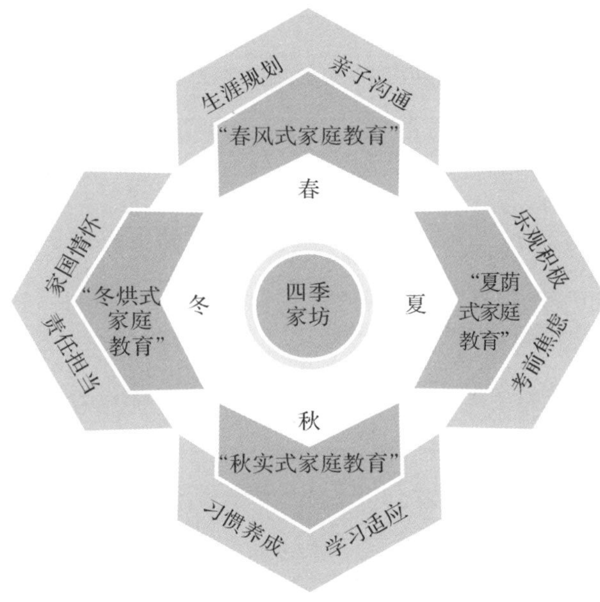

图 6-1-2 “四季家坊”操作实践图

（浙江省杭州四季青中学）

家庭教育的指导应相“需”而动，即顺应家庭教育的需求而有所改变。而家庭教育的需求，应立足学生成长，遵循学生的成长规律。前期的调研数据为学校主题的确定提供了依据，有利于学校采取科学合理的家庭教育指导措施，有助于提高家庭教育质量。父母应多了解孩子的成长现状及需求，构建良好的亲子关系；提高自身整体素质，起到良好的榜样作用；多给予孩子肯定和鼓励，学会正确引导孩子，促进孩子健康成长。

2. 关注家长需求，聚焦热点生成主题

关于教育的热点问题，家长们在不同场合常常会自发地进行讨论。聚焦热点生成“父母茶座”的讨论主题，能够帮助家长厘清问题、达成共识，为家庭教育提供助力。

对话是最简洁的、使用频率最高的一种沟通形式，是“父母茶座”的重要特征。对话主体需要有共同关注的话题、轻松愉快的环境。教师和家长在“父母茶座”温馨轻松的环境里进行对话，消除了隔阂，增强了信任感。通过平等对话，双方都对所关注的问题有了一个动态的评价，获得了学生成长的可靠信息和切实帮助。为此，我们根据家长的特长、喜好及各自不同的心理特点来吸引他们参与我们的活动，让每位家长都有机会、有能力表现。

3. 依据家庭角色，定制个性主题

家庭教育中，因为角色不同，教育孩子的方式也会存在较大的差异。例如，妈妈喜欢精细化管理，爸爸觉得应该抓大放小，祖辈们在管理中更多愿意担当宠爱孩子的角色。性别不同、年龄不同、认知不同，家长在教育孩子时对支持的需求就会不同。

案例 6-1-2 角色沙龙

杭州市凤凰小学设计“爸爸沙龙”“妈妈沙龙”是为了解决小学生成长中父母承担的角色不同、给予学生的支持不同、父母教育成长需求也不同的问题。母亲在教育孩子的过程中，有时会出现情绪化的言语和行为，从依恋关系、情绪发展、内心需求、挫折创伤、逃避填补、外在压力等六方面解析情绪，母亲应在孩子幼年阶段从内在关爱孩子，正确面对自己的情绪，科学地管理自己的情绪。父亲在教育孩子的过程中，要成为孩子坚毅、刚强、勇于担当的榜样，父亲的智慧陪伴是孩子的财富。作为父亲，在教育

中要关注孩子的身心健康，要客观地评价孩子，给孩子以正向的引领。

（杭州市凤凰小学）

父母的家庭角色不同，在孩子的成长教育中所担负的责任不同，采用的策略也不同。在现代的家庭教育中，部分家庭的父母在孩子教育的价值认识上，存在一定分歧：母亲往往重智育轻德育、重身体健康轻心理健康；父亲容易忽略身心发展和认知规律方面的需求。根据角色进行主题分类的家长会，聚焦需求，解决教育成长的实际问题，提升父母的教育能力。父母的教育观念，是父母基于对儿童及其发展的认识而形成的对儿童教养的理解。它直接影响着父母的教育目标、教育方向以及教育行为，对孩子的身心健康发展有着重要影响。

三、优化形式，让每一项策略更有效

孩子的成长，每个发展阶段都有要完成的任务。要满足每一个孩子的个性化需求，“父母茶座”需要做好顶层设计，为学校的家庭教育指导提供方向，组织学校家庭教育指导站进行理论研究，规范家庭教育指导服务，提高家庭教育指导的科学性、针对性和实效性，促进家庭教育事业全面发展、高质量发展。

“父母茶座”在各校实施，有适用各校家长的运行模式，如线上讲座云课程、吐槽大会、专家门诊、伙伴沙龙、朗读会、演讲、仿真模拟、金牌调解等。从理论学习和文件精神领悟，到辩论中观点碰撞、情境中解析，指引与服务家长，让父母明辨国家教育方向，打开释放心灵的窗口，引导父母积极参与高质量的亲子实践活动，共同陪伴孩子成长，促进家庭教育指导实效化。

1. 分组式

为了保障每一位参与家长的需求都得到满足，控制“父母茶座”的参与人数是必要的。根据需求主题、家庭教育角色等进行分组研讨，可以保障家长的教育需求获得有力的支持。

案例 6-1-3 “世界咖啡屋”

杭州市崇文实验学校采用“世界咖啡屋”的形式组织家长参与线下课程。“世界咖啡屋”是指围绕一个相关问题有意图地建造一个实时会议，通过集中思维和智慧来解决问题、发现思考的共性的过程。伴随着轻柔的音乐，父母们围坐在一起，或轻声细语，或激烈讨论……演讲、头脑风暴，让观点碰撞，形成共识。教室在老师们的精心布置下变为一间“咖啡屋”，四座的桌子、整齐的桌布、美丽的鲜花，让所有人沉浸在放松的情绪中、愉悦的环境里，仪式感油然而生。

（杭州市崇文实验学校）

“世界咖啡屋”是一个创造的过程，它引导父母们协作对话、分享知识并创造行动的可能性，适用于各种规模的“父母茶座”。这种形式更适合开放型父母。这类家长本就非常关注社会热点，愿意与人交流自己的观念，思想在同一时空内震荡共鸣，能做到客观理解他人的观点，能明确表达自己的主动感受，积极与人沟通，最终达成共识。

案例 6-1-4 “家长会客厅”

杭州市天长小学每个月第一周的周五下午都会开设“家长会客厅”，老师和家长就共同关心的问题进行深入探讨，力求寻找到有效的解决方式。教室犹如一个一个格子，家长从一个“格子”到另一个“格子”，在“格子”间和老师、其他家长进行面对面的交流，在交流碰撞中产生无数个想法。在这自由的选择中，家长的育人能力得以渐渐提升。

（杭州市天长小学）

“家长会客厅”为家长提供了各种可能性，只要家长能抽出时间，每个月都可以到“会客厅”来，只要家长需要，就可以选择不同的老师进行沟通。它在固定时间内不仅提供时长保障、频次保障，还提供专业保障。这种聊天式的茶座，既有利于家长间的相互沟通，又让家长身心放松。

2. 私人定制式

“私人定制”推出的“一对一”家长会。区别于以往的教师家访，它更适合有个性需求的家长。老师、家长针对学生的具体情况在会前做好充分准备，老师根据每位孩子各方面的表现，给予客观的综合性评价，给家长提供适合的家庭教育支持。

案例 6-1-5 “私人定制”

为了帮助家长进一步理解老师的教学理念和教学方式，为之后的家校合作奠定良好的基础，杭州师范大学附属丁兰实验学校采用“私人定制”一对一家长会，解锁孩子专属成长攻略。家长根据自己的需求，线上预约任课老师，线下与相关老师交流本学期孩子在校表现和家长在育儿方面的困惑。全体教师则对照预约名单，认真分析孩子近况，思考孩子未来的发展方向，与家长分享。

（杭州师范大学附属丁兰实验学校）

杭州师范大学附属丁兰实验学校的“私人定制”会向家长提供学生一学期的学习资料，让家长全面了解孩子在校的学习情况。这样的家校交流向心力更强，解决问题的实效性更强。每一个孩子都有专属的个性沟通和建议，孩子们也可以旁听并深度参与师长的交流，感怀老师和家长的苦心与爱心，从而更加明确自己的未来。家长则可以得到老师提供的专业支持，在尊重、理解、信任孩子的基础上，明确教育培养目标，真正意义上开启“精准育人”新模式。通过“私人定制”一对一家长会，老师能更好地关注每一个个体的成长。“私人定制”不仅强调个性化，还对老师有更高要求——要根据具体问题提出有针对性、可操作的建议，避免双方陷入互相挑刺的无限循环中。

3. 赋能式

赋能，必须有“能”可赋，且所赋之“能”是能够让家庭教育的能量迅速增长的要素。“父母茶座”通过为家长提供解决问题的教育策略，搭建亲子沟通平台，给予家长鼓励、尊重、肯定，调动家长的积极性，帮助家长树立科学、正面的家庭教育观，完成家校教育共同体的建设。

通过家长会，父母为孩子写一封信，借老师的手传递给自己的孩子，肯定孩子的成长，反思自己的不足，提出自己的期望，这是用沟通的方式赋能。中国许多名人都喜欢写信传家风，其中曾国藩的家书就很有名。这样的传统模式既带着亲情的温度，又带着父母的希冀。读到信的孩子是幸福的，无论是低段学生还是中高段学生，都会拿着父母的信一遍又一遍地读。有孩子说，从没想过平时少言寡语的父亲，会给自己写整整两页纸的信，更没有想到在平时严厉的父亲眼里自己原来有这么多优点。也有孩子说，读完信的那一刻，有种想给自己的家长回一封信的冲动。

赋能需要有计划地分级推进，在不同的时期，用不同的方式有针对性地给予支持和帮助。

案例 6-1-6 “一心、二队、三辅”

浙江省杭州四季青中学采用的“四季家坊”由“一心、二队、三辅”组织而成，以“打造四式家庭教育，守护孩子健康成长”为目的，立足家长与学生的需求，分阶段提炼了“秋——习惯和适应”“冬——情怀和责任”“春——规划和沟通”“夏——乐观和焦虑”运作内容，并以“1+3+N”为总的运作模式，穿插“金牌调解”“仿真模拟”“现身说法”“三边对话”“技能比武”等具体的活动方式，最终指向学生幸福指数提升、家长满意、四式家庭教育形成。其中的“四式家庭教育”指的是秋实式家庭教育——家长学会悦纳、尊重，让家庭教育像秋天的果实，给予孩子获得感；冬烘式家庭教育——家长学会陪伴、耐心、肯定，让家庭教育像冬天里的暖流，给予孩子坚强的力量；春风式家庭教育——家长学会关心、协作、欣赏，让家庭教育像春风般温暖舒适，与孩子建立心灵纽带；夏荫式家庭教育——家长学会鼓励，与孩子一起承担、一起面对，让家庭教育像夏天的浓浓树荫遮蔽孩子的心灵，给予孩子安全感。

（浙江省杭州四季青中学）

浙江省杭州四季青中学分级推进，见证了父母们的成长。美国正面管教学者尼森强调用一种既不严厉也不骄纵的方法，以相互尊重与合作为基础，把和善与坚定融为一体，并以此为基石，在孩子自我控制的前提下，培养孩子的各种技能。学校用真实案例、三边对话、现身说法、场景模拟等营造现场感，零距离指导家长，给予家长鼓励、尊重、肯定，调动家长的积极性，帮助家长树立科学、正面的家庭教育观。学校以难题、主题、话题、策略等为引导，打通年级和班级的界限，通过各种形式的体验活动，进行家庭教育指导的内容创新与设计，提供正面管教的专业指导，创建“平台建构与运作”的现代模式，实现家庭教育共同体的建设。

四、协同推广，让每一个家庭都受益

当前，重视家庭教育已经成为社会共识，但是依然有大量教育界人士把家庭教育视为一种自发的非正规的教育，认为家庭教育在学校内是可有可无的。这不仅制约了家庭教育质量的提高，还影响了国民基本素质与国家综合实力的提升。因此，“父母茶座”的形式，看似缺少正式的系统指导，却能促进家庭教育实现教育理论研究与实践活动的有机统一。

“父母茶座”是基于家长需求引领的、在上城区推进实施的、以解决家庭教育存在的实际问题为目标的一种沟通形式。其主题来源于家长需求，其形式依据家长实际情况而定。区域内各校在实施过程中呈现出百花齐放的景象，学生身心更加健康、幸福指数不断提升。学生的心理情况、身体状况都有所好转。上城的家长在各种类型的“父母茶座”中得到成长。家长的满意度与学生的满意度都很高，验证了“父母茶座”的运作是有效的、成功的。

上城区家庭教育指导中心组织各级各类的经验分享会，让校际间展开充分交流，形成区域运作模式。杭州市回族穆兴小学学习杭州市天长小学的“家长会客厅”模式，建立“会客厅”机制，增加家校沟通频次，给予家长时间、空间进行研讨学习，促进家长成长。浙江省杭州四季青中学的“四季家坊”成为上城区许多中学建设家庭教育指导站时的学习模板。许多的学校采用个别化家长会的形式进行“DIY 茶座”研讨。“父母茶座”由各校自发组织，慢慢呈现多校联合举办的形式。家长不仅可以参加自己学校的“父母茶座”，也可以根据自己的需求参加其他学校的“父母茶座”，促进了校际间的家长交流。“父母茶座”要适应家长不断增长的需求，离不开学校与学校的协同合作、家长与学校的协同合作、家长与家长的协同合作。

上城区家庭教育指导中心通过定期组织培训学习，借助区域内名班主任工作坊的优质资源，建立了一支优质的家庭教育专家队伍，设计“父母茶座”专家讲座菜单供学校选择。每个学校有了随时可以邀请的专家，可以根据校情选择主题，形成区域引领的茶座课程，提升本校“父母茶座”的专业性。

随着区域内“星级家长执照”的推广，许多家长已经完成五星级学习，他们也成为“父母茶座”的组织者，会及时发布茶座主题，邀请其他家长一起研讨。从“单一的学校组织—学校发起—学校老师、外聘专家引领”，到“已经具备引领能力的家长组织”，无疑是“父母茶座”的迭代升级。杭州市凤凰小学的“博识课堂”就向大家展示了这种样态。每学期学校向持有“星级家长执照”的家长发出需求问题单，由家长自己填表选择，同时填写茶座采用的形式、开放的时间。这些家长比老师更了解其他家长的需求，组织的活动也非常贴近家长的需求。这样的引领，更让人觉得得到了同伴的支持与鼓励。研讨前的满怀期待，研讨中的欢声笑语，研讨后的心满意足，让“博识课堂”变得非常受欢迎。情境化学习、体验式实践、沉浸式研讨，开启了智慧家校新模式。

上城区一直采用星级班主任成长制，在各校建立名班主任工作坊。工作坊的重要工作之一就是家庭教育指导。集名班主任们的智慧，各校工作坊推出亲子研学茶座、志愿服务茶座、阅读沙龙等活动，实现从说教到体验、从理论到实践的转变。工作坊设计的茶座服务，很多是体验式的，譬如亲子游戏，通过游戏后家长与孩子的分享和老师的点评，让家庭教育理念根植于心。有不少孩子在实践活动中对父母有了新的认识，也有孩子在志愿服务中理解了父母。这些体验式的活动能带给家长和师生更多的启迪与思考，进一步增强多元沟通的互动性。“父母茶座”是提升家长教育水平不可或缺的有益补充，有利于形成家长教育的长效机制。

第二节
成长热线：总有人默默帮助你

⊙

随着城市文明进程的加快，社会信息化为上城带来了日新月异的变化，而教育也始终围绕一个重要的命题——关注青少年儿童发展的需要。青少年儿童的成长，每个阶段都有要完成的任务，从横向延展的角度看，需要各个方面的不断成长，如情绪管理、自我认识、社会化等；从纵深发展的角度看，则需要不同层面的支持和帮助。学校教育往往很难满足每一个学生的个性化需求，而对于学生特殊的教育需要，如学业遭遇困难、人际交往中容易退缩、情境中会出现消极情绪和攻击行为、家庭沟通不畅带来的困扰等，都需要获得及时的支持与帮助，以度过这些成长发展中的危机。由上城区教育局组织的“81312345”学生成长热线，为上城的家长和学生开通了一条爱的路线，在电话的另一端为来访者默默地提供支持与帮助。

一、“成长热线”的设计与架构

在上城打造品质生活新高地之际，作为上城教育人，我们更应该关注的是如何让上城老百姓享受到优质的教育服务；如何让日渐丰沛的教育资源为更多的学生与家长提供方便，为他们解疑释惑，使他们享受到家门口的优质服务；如何引领家长进一步更新教育理念、开放教育视野，从而营造学校、家庭、社会三位一体共通共融的良好育人局面。

本着积极为学生与家长服务的宗旨，上城区积极开展学生成长个性化服务活动，大力弘扬“奉献、友爱、互助、进步”的志愿服务精神，利用好区域家庭教育与心理健康教育的优势，“81312345”学生成长热线应运而生。热线电话的咨询辅导，能及时帮助学生与家长解决面临的情绪控制、亲子沟通、同伴交往、师生关系等方面的问题，助力学生的健康发展，助推和谐的教育氛围的创设，从而提升上城家长的教育能力与水平。

“81312345”学生成长热线的亲子服务涵盖了家庭教育咨询、情绪困扰心理帮扶、师生关系协调策略指导、个案当面辅导预约等内容。学生成长热线提供家庭教育咨询服务，解答学生家长对于亲子沟通、人际交往、学习习惯等方面的问题，为他们提供科学的建议，帮助他们掌握一些家庭教育的方法。2020 年 2 月到 4 月学生居家学习期间，热线值班也未停歇，为解决学生居家学习期间电脑使用、学习矛盾、亲子冲突等导致的家庭问题提供助力。

二、专业坚守，让每一次辅导都贴心

“81312345”学生成长热线，历经 13 年的发展历史，迄今已服务 10000 多个小时。作为区县层面屈指可数的青少年儿童成长热线，“81312345”学生成长热线具备时间长、受众多、品牌优等特质。回望过去的 13 年，“81312345”学生成长热线走过了一条坚定而不同寻常的发展之路。

1. 热线助力

电话铃声响起时，辅导员要在铃声响三声内接听电话，并使用统一问候语："您好，这里是上城区学生成长热线'81312345'，请问您需要什么帮助？"在结束电话之前，辅导员须统一使用"感谢您对我们的信任，有需要欢迎再次拨打我们的热线"的结束语；接听电话时，辅导员要做到态度真诚、倾听耐心、反馈精准、建议合理、音量适度、语速适中，以对方能听清楚、听明白为宜。

在无数个节假日、寒暑假，热线的辅导员们将一份份关怀送到千家万户，将理性与智慧传递给每一位需要帮助的人，为他们解疑释惑，为他们送去关心与温暖。"爱管闲事"的五年级男生，借助热线找到了以自我为中心的行为准则的问题，通过沟通和辅导得到了心理疏导和后期矫正的方向；被孩子学习动作慢困扰的家长，通过辅导员的分析，找到孩子慢的原因，认识了低年龄儿童学习发展的规律；厌学的孩子的家长，通过辅导员的分析，意识到了背后所隐藏的家庭问题，转变方式并寻找到更适合的家庭教育方法……

"81312345"学生成长热线是一种态度，是一种温暖，是一种帮助，是一种沟通心灵的方式。13 年间，它通过一个又一个电话，致力家庭教育指导，助力学生健康成长。正如辅导员周志君老师所说，"每每听到电话那头焦虑而不安的声音，我能充分感受到家长的渴望和期待。我用我的所学所能，给予那些成长中的孩子和困惑中的家长一些帮助，这让我获得了助人者的幸福"。

2. 专业坚守

辅导员过硬的业务能力、优良的工作素养和工作团队科学的管理机制，是"81312345"学生成长热线经久不衰、高效运转的有效保障。担任热线的辅导员是来自上城区各个中小学、幼儿园的教师，他们是通过全区公开招募、选拔而形成的有着相同的志向和爱好的一个群体。这些教师除了具有较为丰富的一线工作经验外，大部分具有相应的心理健康教育资质，具备独立开展电话辅导的能力和专业素养，并经过一定学时的岗前培训，包括环境设置、辅导须知、接听规范等，能确保辅导的精准有效。他们放弃节假日、寒暑假与家人相守的机会，不辞辛苦、不计报酬、不嫌烦累，坚守在一根根长长的电话线的对面，为素不相识的家长、学生带去帮助，解答困惑。

为更好地帮助学生，根据问题类型和困扰程度，热线工作人员及时进行梳理和分析，开展会诊研判，制订各类跟进服务规划。以 2017 年 12 月为例，117 例来电中，学生的学习问题有 46 例，约占 39%；行为问题有 22 例，约占 19%；情绪问题有 13 例，约占 11%；亲子沟通问题有 16 例，约占 14%。通过数据分析，结合学生的实际情况和需要，热线工作人员会做好分类梳理，分级干预，跟进帮扶：针对有行为困扰的学生，推荐其参加“好习惯俱乐部”，帮助其调整行为和学习方法，培养意志力；针对有情绪困惑的学生，推荐其参加“‘情绪管理’训练营”“‘一对一’咨询当面辅导”等活动，缓解压力，疏导情绪；针对有亲子沟通障碍的家庭，除了为学生提供相应的跟进服务外，还推荐家长参加“‘亲子体验’训练营”“家长沙龙”“‘爱之驿’在线学习”等活动，为其提供良好的教养方式和亲子互动模式指导。此外，针对有较为严重舆情困扰的学生，工作人员结合实际，联动学校、社区实施联合会诊，开展帮扶工作；针对有特别严重舆情困扰的学生，工作人员还会组织专门力量，借助社会专业资源，实现有效转介。

3. 规范保障

责任到人、流程规范，是确保热线持续运行的必要前提。热线的日常管理由专人负责，对人员排班、服务时长等都有明确要求。值班当天，辅导员须事先领取热线专用手机及相关记录本，检查手机电量是否充足、周围环境是否安静，提前 10 分钟开机等候。值班结束后，辅导员要及时通知下一位辅导员，并做好电话记录。与此同时，为拓展热线影响力，推动热线为更多的市民、家庭服务，上城区发力宣传，通过制作并分发宣传卡片、折页、海报等资料，利用微信公众号、网站、QQ 群等推送资讯以及现场咨询宣传等途径，让更多人知道这条热线，用上这条热线。

为了满足热线辅导员的专业发展需求，上城区每学期组织专题研讨活动，以“辅导员专业技能提升”为抓手，先后开展“志愿者精神培育”“电话辅导技能培养”“辅导员压力管理”“谈话技巧提升”等主题培训。开展专题学习和培养，将帮扶工作做细、做实，促进辅导员不断积累实践经验，成长为独立成熟的专业辅导员。每次研讨会不仅展示辅导员的精进与成长，还有来自家长的真挚表达。辅导员除了对专业提升的期待，还多了对热线服务的坚守和奉献；而来自家长一如既往的信任，更是增进了热线与家庭的良好互动，彰显了因热线而结缘的那份情感的价值。

三、温暖助力，让每一户家庭更和谐

家长是孩子成长过程中的第一任老师，伴随孩子经历整个成长过程，有着极为重要的地位。在育儿过程中家长会遇到种种矛盾和困惑，希望能得到他人的帮助、解答，能找到最适合孩子的教育方法。帮助家长正确了解孩子的需求，正视孩子在成长过程中产生的问题等，学生成长热线服务不可或缺。它为学校的家庭教育指导提供明确的方向和规划，为家庭教育实践提供可靠的理论引领，规范家庭教育指导服务，具有科学性、针对性、时效性。

1. 电话两端，引领温暖

现实中，遭遇较为严重的成长危机的学生或许只是班级中的一小部分，但是真正公平的教育应该关注到这类特殊学生的教育需要。很多家长在面对孩子成长过程中的问题和需求时会感到束手无策、投奔无门。家庭环境不良、学习成绩落后、焦虑抑郁、行为有偏差的学生，以及那些在身心、学业方面有较好发展潜能但在学校“吃不饱”的学生，都可以从热线的另一端获得支持和帮助。

案例 6-2-1　热线，看不见的温暖

很偶然的机会，张老师成了“81312345”学生成长热线的一名值班老师。因为很少接触这类事务，虽然有着丰富的专业知识和工作经验，张老师心中也不免有些忐忑。拿起话机，按下应答键，张老师对一户回访对象用自认为最亲切的声音说：“您好，这里是学生成长热线‘81312345’……”在之前的热线对话中，张老师了解到回访的这个孩子已经上一年级两个多月，却一直没能进入正常的学习状态，上课讲话、做小动作，离开座位，和小朋友打闹，不认真听讲，也不按时完成作业，还时不时地惹点小祸。老师几乎天天要找家长谈话，也建议家长到医院给孩子做些相关的测试。他的妈妈不知该怎么办好，语气焦急而迷茫。她说自己和老公都是外地人，在杭州打工，两人的文化程度都不高，以前孩子就那么放养着，夫妻俩忙于生计，从没想过孩子的教育问题。当时这位妈妈滔滔不绝地讲述了好久，希望能够打完这通电话，孩子就立马改变。张老师对比之前的情况，积极地询问了关于孩子的一些近况。经过上次的指导，妈妈发现了问题所在，积极鼓励孩子，改变教育的方式方法。在张老师耐心的分析、开导下，家长和孩子都有了质的变化。这一次，张老师更是亲切地提出了几点有效的建议，让这位家长连连称赞。

（张微　杭州市高银巷小学）

有时候，也许电话只能缓解父母当时焦急的心情。在这之前，事情想必非一日之寒了；在这之后，事情可能并没有迎刃而解。热线咨询的方便性、匿名性、经济性等特点使它成为更多人的选择，它在辅导员丰富理论和实践知识的引领下，传播科学育儿的知识，让家长能够更重视孩子在成长过程中出现的一些问题。来电咨询的家长在辅导员的指导下扫除这样那样的烦恼，生活中有了更多笑容。

2. 温暖回访，体验亲情

为了巩固热线辅导效果，及时了解学生个案的转化情况，每年寒暑假前夕，热线辅导员都会开展“温暖回访”活动。即每学期从来电咨询的案例中选择15—20户家庭作为回访对象，辅导员通过电话、网络以及家庭走访等形式进行回访，重点了解学生的期末状况和假期安排，并根据前期的调研实际情况提出建议，鼓励学生积极取得进步。热线“温暖回访”活动拉近了辅导员和家庭的距离，温暖了每一户受访家庭，深受家长欢迎。回访中发生了许多温暖的故事，迄今为止，“温暖回访”活动已经开展了四年，共回访家庭近150户。

案例6-2-2 亲情一日，温暖帮扶

牛牛正是在心理热线回访的推荐下，参加了上城区组织的“玩转周末”——“魔力厨房 快乐烘焙”的活动。牛牛的妈妈在她上幼儿园的时候因病去世了。牛牛的性格一直比较内向，也不会在妈妈去世这件事上表达自己的感受。爸爸在心理热线回访中接受了辅导员周老师的建议，报名参加了体验活动。一走进活动的礼堂，每个孩子都穿上专业做蛋糕的服饰，太“有范”了。桌上已经放好了所有制作材料，每个组都发到一张制作秘籍。活动开始，自由分组后，周老师播放了她自己录制的做蛋糕的小视频，同学们认真记录每个细节。实战开始，小组同学按要求迅速分工，轮流负责完成每项任务。小朋友们按照步骤进行，最后将制作好的材料倒入烘焙盒中放入烤箱烘烤18分钟。孩子们将烤好的蛋糕放到嘴里，直呼太好吃了！有的孩子三下两下就吃完了，有的孩子还留下两块带回去给父母吃。这次活动既要求动手、又挑战体力，还强调团队合作。其间有老师不断进行交流引导，用体验的方式让他们进行快乐烘焙。孩子们通过自己的努力，获得成功的体验，也明白要把事情做成功是不容易的。

（杭州市凤凰小学）

牛牛的妈妈在她上幼儿园的时候因病去世了，牛牛成了班里的“困难生”。周老师了解情况后，通过“魔力厨房　快乐烘焙”这个活动一直跟进并对其展开心理疏导，让牛牛的心理压力得到了舒缓。团体合作、亲子互动等活动的开展，让牛牛的性格变得开朗，乐于和同学相处，能够主动和同学分享自己的“小秘密”。“魔力厨房　快乐烘焙”通过引导孩子动手实践和互动合作的方式来营造轻松愉快的氛围，从而有效缓解其心理压力。

“亲情体验”一日营活动是上城区 2014 年开始开展的学生家庭体验活动。“亲情体验”每期 15 户家庭，迄今已先后组织了“亲子拓展”“故居寻宝”“荒野求生”“中华茶艺”等活动。通过活动，学生加强了团队合作意识和责任担当意识，增进了两代人之间的感情。在“亲情体验”活动中，学生与家长启动了情感的“链接”，无条件地接纳彼此，双方都得到了温暖和滋养。

这种多方合作构建家庭、学校、社会三方面协同育人模式的方式，不仅拓宽和延展了家庭教育的地位、责任和功能，还对构建学校教育、家庭教育、社会教育三位一体的育人体系，实现家庭教育的功能与品质的提升有着十分重要的意义和价值。

四、专题研讨，让每一项服务更有力

从 2009 年到 2022 年，这平凡的 13 年和不变的号码，见证了“81312345”学生成长热线的不平凡；十多年的坚守，几拨辅导员，彰显了教育者不变的初心。回眸 13 年的历程，“81312345”学生成长热线在服务青少年成长、促进区域教育优质均衡发展等方面起到了不可或缺的作用。

1. 时效性强

“81312345”学生成长热线充分体现了信息社会高效、快捷、便利的特点，符合老百姓对家门口优质教育服务的期待，更是满足了“80 后”“90 后”等新生代家长的需求——上班之余，闲暇之际，无论在企业、工厂还是在写字楼、建筑工地，只要有需要，随时随地都可以拨打电话，并能在第一时间获得贴心的帮助和指导。

2. 综合度高

较之于其他热线，“81312345”学生成长热线具有整合性强、综合度高、跟进性好的特点。针对学生问题的程度以及发展趋势，辅导员会进行梳理、诊断，确定后续跟进的服务内容并进行跟踪帮扶。比如当面辅导咨询、家长辅导、小团体活动等，都是持续跟进的服务项目。这使广大青少年儿童获得了更为全面的支持助力。

3. 影响面广

热线具有传播广、不受时空限制的特点。十多年来，“81312345”学生成长热线实现了上城各街道、社区、学校以及周边地区的服务全覆盖，随着知晓率日益提升，服务范围更是遍布全国，北至黑龙江、南至广东，各地都有家长慕名来电咨询。从 2009 年发展至今，“81312345”学生成长热线已逐渐成长为上城区青少年儿童服务的金名片，发挥着越来越重要的作用。“81312345”学生成长热线朴素、低调，热线虽小，但它连接的是每一位教育工作者对孩子沉甸甸的爱，承载的是上城教育人对服务好每一个青少年儿童的责任和担当，筑起的是一个呵护青少年儿童身心健康的幸福港湾。

基于同一个目的，一根热线一头连接着家长的期待和诉求、一头连接着日臻完善的上城区青少年儿童服务。上城区“81312345”学生成长热线，小服务中折射着大道理。热线这一头的辅导员时刻把助力青少年儿童成长看作头等大事，想他们所想，忧他们所忧，乐他们所乐，真正尽到了心系教育、情牵百姓、服务青少年儿童的职责。正如苏联教育家苏霍姆林斯基所说的“教育者的关注和爱护在学生的心灵上会留下不可磨灭的印迹”，学生成长热线注定要在这条为学生心灵留下值得回忆的印迹的道路上，努力奋斗，孜孜以求。

第三节
直播论坛：益家有方半月会

⊙

科学系统的家庭教育是一门很复杂、很精深的学问。古代著名的家训文化，如《颜氏家训》《朱子治家格言》等不断绵延、不断丰富，在年轻一代的培养上起着极为重要的作用。因而从家训文化着手，教育孩子，如果有传承的经验可以参考，有家庭教育新理念可以学习，对于孩子的成长是十分有意义的事。

《中华人民共和国家庭教育促进法》的出台将家庭教育从“家事”上升到“国事”，依法依规地教育孩子势在必行。改变家庭教育水平高低不一的现状，走出以爱之名伤害孩子却不自知的家庭教育困境，需要社会相关系统协同工作，织密家庭教育的网，让家庭中的子女、父母以至其他家庭成员成为家庭教育的受惠者，从而提高家庭教育的质量，让孩子有更好的成长环境。

上城区“益家有方”家庭教育直播调动了学校、家庭、社会的教育资源与力量，全面、精准、有效地给予区域家校共育有力的支持，增进家庭幸福与社会和谐，培养德智体美劳全面发展的社会主义建设者和接班人，促进区域发展，已显现出良好的效果，影响力不断扩大。

一、直播论坛的设计和架构

上城区社区学院作为开展区域家庭教育指导的“先行者”，在满足区域居民不断增长的学习需求上已经做了很多有价值的探索。区域家庭教育指导的需求日益迫切，支持社区学院功能升级，发挥区域家庭教育引领作用，积极推动区域家庭教育发展，构筑起“益家有方半月会”家庭教育平台，旨在完善家庭教育指导服务机制，建立区域全覆盖、高质量的家庭教育指导服务体系势在必行。

社区学院在区域家庭教育相关工作中能在研究、统筹、指导、服务等方面发挥优势。在区域内教育资源的纵深挖掘与横向整合上，社区学院具有得天独厚的优势，各个学校的典型教育案例、教育活动等都可以成为资源。根据家长开展家庭教育的需求，社区学院与各院校、教育专家合作，邀请他们做客“益家有方半月会”，为区域内家长开设家庭教育指导课程直播。通过区域家庭教育指导课程的开展促进学校、家庭、社会三方力量相互补缺、相互协同、相互交织，获得区域家庭教育整体能力的提升，有助于为区域内学生营造良好成长环境。

社区学院的“益家有方半月会”在丰富的资源的基础上，与课程直播的模式相结合，形成了上城独有的家庭教育创新举措。上城“益家有方”家庭教育直播从 2022 年 5 月 15 日开始，并确定每月 15 日与家长在云端相见，通过“科学育儿大家谈”“父母故事”等栏目，为家长赋能，为家庭教育助力。“益家有方”家庭教育直播不仅丰富了家庭教育的实践形式，也为教育理念的创新与教育实践的转型带去了全新的方向。直播的方式足够灵活，能突破时空的限制。家长可以参与家庭教育直播与专家互动提问；如果时间有冲突，又不愿错过精彩内容，则可以选择直播回放，还可以自由拖动进度条。直播教育的模式已经频繁应用在社区学院家庭教育指导及家庭教育实践中。

二、多跨协同，让每一个部门皆助力

“益家有方半月会”是上城区家庭教育品牌项目之一，主要借助上城区社区学院的微信公众号、直播平台以及辖区内各个学校的公众号定期进行家庭教育话题的分享与指导。

1. 内拓外联，联结多领域资源满足多样需求

区域内万千家庭的教育需求是复杂多样的，要让家庭教育指导走进家长的心坎里，成为优化他们家庭教育行为的有力支撑，任重道远。因此，只有建立区域家庭教育社会支持系统与合作机制，拓宽渠道，才能为家庭教育赋能增值。上城教育在不断深入挖掘系统内部教育资源的同时，加强与区域内部委办局的合作，携手妇联、社科协、卫健局等多家单位，建立直播专栏的专家资源库。在运作过程中，上城区以区教育局为主导，秉承“借外力，成合力”的原则，最大化利用自身资源，最大化吸收合作方资源，共同创建区域内家庭教育社会支持系统。

“益家有方”的系列直播涉及孩子的生长发育、心理健康、交流沟通、情绪管理等。每一期直播会邀请家庭教育专家、儿童医学专家、学者、名校长做客。应邀的每一位来自不同领域的行家里手，既有精深的专业知识，又有丰富的案例经验，将理论与实践相融合的“火候”掌握得恰到好处。他们针对区域家庭家长最关心的热点、难点问题进行指导，普及家庭教育知识，传播科学教养理念，引发家庭教育灵感。专家学者们的指导逻辑清晰，通俗易懂，有宣讲、有案例，多方位、多视角地展开，满足区域家庭教育多样需求，为家长提高家庭教育实践能力进而给孩子营造健康和谐的成长环境提供了强有力的智力支持。

2.“院校”携手，精准聚焦区域家庭教育需求

家庭指导要走入区域内众家长心中，指向他们的真实所需，解决他们的迫切问题，这是做好区域家庭教育工作的基础。当下区域内孩子的家长从“70

后”到“90 后”，年龄跨度虽大，但普遍对孩子的教育比较重视，他们喜欢权威性的家庭教育指导，更喜欢有互动的方式；也有为数不少的家长忙于生计，学习意愿不够强烈，与孩子沟通较少。家长的家庭教育能力参差不齐是真实的现状。

“益家有方”开设专门的子平台，前期通过上城区社区学院与区属各中小学、幼儿园的“院与校协同”方式，开展问卷调查收集家庭教育需求，获得了大量来自不同类型中小学和幼儿园以及不同类型家庭的家庭教育需求的真实信息。学院对这些收集来的信息与数据开展系统的梳理与分类，形成了多个主题，以满足家庭教育需求差异，也确立了子平台开发的方向：通过对教育政策的深入研究，建立教育专家讲师资源库，力求让家庭教育更具有前瞻性、引领性；通过辖区内各校典型案例的收集与分析，更便于掌握家长在日常家庭教育中的“堵点”“痛点”，让子平台更贴近家长需求。目前，子平台的家庭教育指导内容主要涉及心理健康教育、学习习惯和道德教育、青春期教育、家校合作等内容。每一期主题的内容，都是经过精心策划而形成序列化的“益家有方”育儿案例。

“益家有方”是通过与家长的互动及定期调查分析开设出来的一个区域性家庭教育平台。它是在充分了解各年龄段孩子的普遍性、典型性问题以及家庭教育现状的基础上开展的，既顾及了共性的服务需求，也提供了区域内个性家庭的精准指导。家庭教育工作专家团队根据家长提供的材料，进行比较全面的分析研究，分类确定教育话题，设计与之相适应的板块内容，通过“益家有方”有针对性地对家长进行指导，提出切实有效、操作性强的教育方法。家长则根据指导有的放矢地教育孩子，收获了教子有方的成就感，从而提升区域内家长学习和实践的热情。同时，区域内学校因势利导，积极配合进行学校层面的推动，更有利于区域内家长主动学习，积极提升养育能力，营造浓厚的学习氛围。

3. 扩容资源，汇聚优秀家长经验互助分享

新时代的家长自我成长的愿望强烈，学习需求旺盛。为此，上城持续打

造高质量家庭教育指导平台助力家长成长。例如通过“一周一案”“一月一汇”“一季一评”“一年一节”，推送鲜活的家庭教育案例，评比优秀论文、优秀案例、好家长、好课程，开展家庭教育宣传活动周等，为家长提供全方位学习所需的平台和内容。其中，那些鲜活的家庭教育案例成为“益家有方”子平台的固定内容。案例故事的跨度从学前到高中，打通了家庭教育各年龄段，让不同年龄段孩子的家长可以承前启后地学习他人的经验，能预先“避雷”，绕过教育孩子过程中的“雷点”，让家庭教育更为从容、更有底气。“益家有方”作为上城区“星级家长执照”的延展和创新，让区域内各个学校的家庭教育资源得以整合、共享，从而丰富了区域家庭教育的资源。

案例 6-3-1 线上、线下，直播分享

杭州师范大学东城实验学校每年都会举办一次大型的“阅读互动”分享活动，邀请的分享嘉宾都是在当年阅读节中获得“书香家庭”称号的优秀家庭的家长代表与经营班级阅读有成效的教师代表。在最近一期“阅读互动”分享活动中，学校利用线下实践、线上同步直播的方式，让更多的家长参与进来。在这次活动中，200 余位家长来到现场，而线上观看直播的家长多达几千人。

在 2022 年的“阅读互动”活动中，每一位家长的分享都给人深刻印象，尤其是五年级双胞胎男孩的妈妈分享家庭亲子阅读氛围培养的经验，让我们看到了家长的言传身教对孩子成长起到的潜移默化的作用。她说：“如果你希望孩子阅读，就要自己先阅读。”在创造亲子阅读天地的这条道路上，她尝试了很多方法，最终选择每周六开展“家庭读书会”，还吸引了周边的许多孩子来参加读书会并分享自己喜欢的书籍。在潜移默化中，孩子就喜欢上了阅读。这样的“家庭读书会”让线上、线下的家长非常感兴趣，活动结束后很多家长都加了这位妈妈的微信，想进一步了解开展“家庭读书会”的细节。互动板块中，分享的家长和教师分别针对前期收集的

家长关于亲子阅读最关注的几个问题进行了解答。家长与家长之间的分享沟通十分顺利，其优势在于他们是天然的同路人，彼此间是自然亲近的，很容易引起共情与共鸣。

（杭州师范大学东城实验学校）

家长除了成为“益家有方”子平台的阅读者，也可以成为子平台的供稿人。在“家长即资源”的理念下，子平台更加“接地气”“聚人气”，成为家长分享沟通、互帮互助的平台，将典型育儿案例、先进理念和方法分享给大家。家长利用碎片化的时间持续关注子平台，可以得到切实可行的教育小技巧，提升自己为人父母的水平。这些优秀家长的榜样作用，激励着更多的家长主动学习，不断提升自己的家庭教育能力。

三、相约云端，让每一期直播有看点

家庭教育直播能以最便捷的方式惠及更多的家长，从而扩大家庭教育指导的辐射面。“益家有方”家庭教育直播打破了时空的壁垒，省去了家长往返的舟车劳顿，实现了观看方式的自由选择。教育直播技术帮助区域家庭教育驶入快车道，让家庭教育搭载互联网技术飞入千家万户。有了技术支持，家长可以在线学习，不限人数、不限空间，实现了家庭教育指导的普惠性、便利性，更有助于序列性家庭教育活动、课程的实施，使家庭教育更加全面深入。

“益家有方”家庭教育直播已开设了多期，主题丰富（如表 6-3-1 所示），定期与家长在云端相见，每一期的主题鲜活而精彩，从学前到高中各阶段的家庭教育场景仿佛就呈现在家长的眼前，让家长看后有所思、有所得。直播专家提供的案例中，有的让家长学到简单有效的方法，有的让家长看到新的视角，有的则让家长产生了共鸣。

表 6-3-1 上城区“益家有方”家庭教育直播主题

直播专家	直播主题
韩似萍	“双减”给家庭教育的机遇与挑战
王春林	科学管理　助孩长高
侯公林	《中华人民共和国家庭教育促进法》解读
徐跃峰	“走读·南宋”文化体验路线
缪华良	与爱同行　伴你成长——幼小、小初衔接中家校协同育人的智慧
吴杰	家庭教育的智慧
武建芬	优化家庭教育生态　构建和谐亲子关系
戚亦平	沟通——用最合适的方式

“益家有方”家庭教育直播期期有看点，“双减”、《中华人民共和国家庭教育促进法》等政策、法律的解读给家庭教育带去积极影响，上城文化品牌“宋韵”给家庭拓展活动提供了丰富的活动内容，针对家长感到棘手的亲子关系的改善也有有效沟通的理论与方法指导等。

子平台中的很多内容中解答了家庭如何开展亲子活动，如何选择亲子陪伴的形式，怎样在活动中与孩子沟通、增强活动体验感、促进亲子关系等问题。丰富多彩的亲子活动形式，良好的活动效果，都为家长提供了可借鉴的范式。同时，上城区新上线的“淘活动”平台让家长学来的方法有了用武之地，他们可进入该平台选择与自身家庭匹配、与孩子兴趣相投的活动来参加。通过这些，家长不仅懂得抽时间陪伴孩子，还能提高陪伴的质量，让亲子活动发挥应有的作用。

“益家有方”家庭教育直播于 2022 年 5 月启动，获得较高的人气。第一期“‘双减’给家庭教育的机遇与挑战”吸引 6.9 万人次观看，获得 34.8 万个“赞”、1.1 万条评论。第二期的“上城区首届家庭教育宣传活动周”活动，于长三角五地（杭州上城—嘉兴嘉善—温州永嘉—宁波海曙—上海闵行）联合开启，有 5.4 万名家长“云”上观看这一盛会，获得 29.2 万个“赞”。直播每月进行一次，每一次直播前都有很多家长表示期待。“益家有方”的影响力不断扩大，在推动家长对家庭教育的关注度和参与度方面大幅提升。

四、专家引领，让每一次互动零距离

作为以指导服务提升家庭教育水平的主导方，自然能理解家长学习家庭教育时的实用主义心理，家长希望通过直播学习，学以致用，立竿见影，这虽然不符合教育的逻辑，但是体现着他们迫切想通过学习改善自己的家庭教育能力、帮助孩子健康成长的心情。

当前家长获得有效家庭教育信息的途径主要是书籍、网络、学校。学校及教育部门的家庭教育信息因其权威性而广受家长欢迎，认同度高。因此，大力推进区域家庭教育让其发挥普惠性，利用一次次直播最大限度地覆盖区域内家长志在必行。直播不仅能在线互动，让家长提问并直接获得专家的回复，随时观看回播，还能解决家长因时间冲突不能参与的问题，让想要获得信息的家长都能受益，这都是"益家有方"开拓直播课堂的动力。比如当"双减"来临，各类学科补习班开始退潮，学生们的时间开始多起来了，不少家长却感到茫然和焦虑：在"双减"之下，选择看似灵活了很多，但也同样是对家长能力的考验，家庭与家庭之间的差距会变得更突出。上城区社区学院的"益家有方"就以"如何高质量地陪伴孩子"为主题邀请专家以直播的形式为各位家长支招。

案例 6-3-2 直击焦点，专家支招

4 月 15 日（周五）19:00—20:00，上城区"益家有方"家庭教育直播聚焦家长关注的"双减"主题，特邀浙江省特级教师、杭州市家庭教育学会副会长韩似萍为家长们带来"'双减'给家庭教育的机遇与挑战"。在直播中，韩老师围绕着"'双减'政策给孩子全面、健康成长提供了基础保障，'双减'政策持续推进，是机遇还是挑战？""作为家长，您的教育模式和教育理念面临哪些挑战？""'双减'之下家长应如何抓住家庭教育的机

会，推进孩子健康、快乐地成长？”等问题娓娓道来。

韩老师在直播时明确告诉家长，家庭教育的重要任务是帮助孩子建立生活逻辑，避免孩子成为俗话说的“不靠谱”的人、“家教不好”的人。义务教育是每个人都需要接受的教育，在这个过程中建立起知识逻辑对学生是个重要任务。但如果所有的时间都放在建立知识逻辑上，就来不及完成生活逻辑的建立。韩老师的表达简洁而明了，易于理解，她的直播内容中既有对政策的解读，也有用生动的案例来印证和分析观点，给出了切实的方法，启发了新的思考，引起了家长反思。

直播结束后，家长们纷纷给韩老师留言提问。这次直播吸引了 6.9 万人次在线观看，获得 34.8 万个“赞”，收到 1.1 万条评论。

（杭州市上城区社区学院）

如果说子平台的家庭教育案例是聚焦家庭教育的个性话题，那么家庭教育直播就更专注于家庭教育的共性话题。运用直播平台，以线上、线下相结合的方式开展活动，让专家充分利用直播对家庭教育理念进行宣讲。而直播后的答疑解难环节，也是家长最喜欢的环节，这样“零距离”地与专家互动，让很多家长深受启发，开始深入反思家庭教育个性化的问题以获得解决路径，这有助于他们更从容地直面家庭教育的“专业级挑战”。

家庭教育是一项关系千家万户的系统工程，更是惠及民生、提升民众教育获得感的重要载体。“益家有方”不断完善着上城区区域家庭教育服务体系，满足家长在家庭教育过程中的个性需求和共性需求，唤醒家长的家庭教育责任意识，助力家长提升养育孩子的能力，让更多的孩子拥有健康的家庭教育环境，更好地成长成才。

参考文献

[1] 陈鹤琴．家庭教育（第二版）[M]．上海：华东师范大学出版社，2013.
[2] 康丽颖，姬甜甜．回归教育学视域的家庭教育理论建构[J]．教育科

学,2021,37(1): 69-75.

[3] 张东燕,高书国. 现代家庭教育的功能演进与价值提升——兼论家庭教育现代化[J]. 中国教育学刊,2020(1):66-71.

[4] 高书国. 新时代家庭教育的趋势与特点[J]. 中国国情国力,2018(09):10-12.

[5] 李松涛. 家庭教育的社会支持研究[D]. 大连:辽宁师范大学,2014.

[6] 边玉芳,张馨宇. 新时代我国家庭教育指导服务体系:内涵、特征 与构建策略[J]. 中国电化教育,2021(1):20-25.

[7] 古爱华. 地方教研助推区域家庭教育发展的实践探索[J]. 科学咨询,2018(26):2.

[8] 陈小文,张丽. 提升区域家庭教育指导工作针对性和有效性研究——基于调查数据的分析[J]. 现代教学,2019(20):49-53.

[9] 张峰峰,邹文娜. 新时代家庭教育的内涵、价值及实施方法[J]. 中国德育,2021(12):19-22.

[10] 高文超,赵瑞洁,刘朴. 教育直播平台调研综述[J]. 天津科技,2018,45(8):71-75.

第七章
涵育幸福的家长共学

随着《中华人民共和国家庭教育促进法》的出台，家庭教育成为人们热议的话题。《中华人民共和国家庭教育促进法》中特别指出家长要掌握科学的家庭教育方法，提高家庭教育能力，积极参加公益性家庭教育指导和实践活动。因此，在区域实践中推进家庭教育的重要任务之一便是深化家庭教育实践，提升家长的家庭教育水平，进而为孩子提供良好的家庭环境。上城区以“五星俱乐部”“每周家庭日”“周末帮帮团”三项为抓手，不断完善“星级家长执照”课程体系以端正教育观念，倡导家长自觉加强亲子陪伴以培育幸福家庭，推进家校社共育以破解育儿难题。

第一节
五星俱乐部：共享发展助成长

⊙

持有“五星级家长”执照的家长以不断提升自身家庭教育能力为目标，自我学习需求旺盛。其自主学习样态会影响周边家长，且他们中有不少人有意愿也有能力联合各界的力量，让更多的家长参与学习并受益，助力孩子们的全面健康成长。

一、“五星俱乐部”的内涵简述

上城区于 2017 年提出并实施“星级家长执照”工程，旨在全面提升上城家长素质，进而提升家庭素养，最终达到上城市民整体素质提升的目标。为了更好地践行“星级家长执照”工程的初衷，在区域范围内合理优化教育资源，进一步推动新时代家庭教育的蓬勃发展，“五星俱乐部”应运而生。

“五星俱乐部”的主要成员为上城区各中小学及幼儿园的学生家长中获得“五星级家长”执照的优秀家长。“五星俱乐部”是上城区教育局下属的一个致力于家庭教育的家长社团组织。“五星俱乐部”以家庭教育为主题，倡导科学的教育观念，传播科学的教育方法，通过引导两代人共同参与各种家庭教育活动，促进家长之间、亲子之间的沟通和交流，帮助家长提高家庭教育水平。培养“明责任、乐学习、会倾听、常陪伴”的具有上城特色的星级家长。“五星级俱乐部”不定期开展家庭教育咨询、信息服务活动；定期举办家庭教育培训会及讲座，免费向成员开放；每年开展一至两次家庭教育主题的家长研讨会、论坛、座谈会等；根据成员的个人需求，为成员制订个性化的家庭教育策略；每学期进行总结表彰大会，评选并表彰优秀成员家庭；等等。

要成为“五星俱乐部”的成员，家长们需要在“星级家长执照”平台参加线上和线下的家庭教育课程培训来获得积分，同时还需通过在线测试，经“星级家长执照”网络平台认证合格后，最终获得“星级家长执照”。家长学习认证后获得的积分数量对应一定的星级认定，积分不断地积累，家长执照也相应从“一星级家长”逐步升级为“五星级家长”。其中“五星级家长”是最高认证级别，需要积分累计达到 500 分（线下课程不少于 200 分，在线学习含测试不少于 300 分）。

“五星俱乐部”是家长学习科学育儿的新阵地，也是上城新时代模范家长的摇篮。俱乐部的每一位成员都承诺“秉承美好教育的发展理念，积极学习，用心陪伴，家校携手，做新时代好家长，育新时代好少年”。为了科学地培养出优秀的上城学子，家长们互学互助，共促进步，用自己的实际行动引领全区家长从合法家长走向合格家长，从合格家长走向优秀家长，从优秀家长走向星级家长、卓越家长。

二、“五星俱乐部”的价值意蕴

不同于一般的社会性家长组织，“五星俱乐部”是由一群具有共同教育愿景、相似教育认知、相近教育水平的家长组成的。俱乐部采用星级评价机制，遴选了一批在家庭教育方面有能力、有分享意愿、有成效的“五星级家长”作为成员。俱乐部制定了《上城区星级家长俱乐部章程》，在组织制度、权利义务、保障机制等方面规范了俱乐部工作。近年来，“五星俱乐部”遵照区域星级家长执照工程的总规划，借助社会教育理论指引，创新家长教育实践模式，大胆思考、积极行动、科学提炼，形成了三个鲜明特征，即共助式、个性化、辐射性，为深化家庭教育改革、提升家长育儿品质提供示范性样本。

1. 共助式：推动家长之间的互学共长

家庭教育不只是家事，也是国事，关乎生态文明制度体系的建设，需要家庭、学校、社会和政府等各方力量的协同作用。“五星俱乐部”就是在这样的协同育人机制下诞生的：教育局做基础架构，提供学习平台，组织课程评价，建设学习团队；学校开展具体指导，维护家庭学习网，并进行及时、积极的反馈；社会组织和政府部门在资源建设、人力财物等方面给予有效支持。在上城区政协的统筹安排下，区教育局与属地街道合作，建成两个“五星俱乐部”活动基地，一个是以宋韵文化为主题的山南学研基地，一个是体现未来社区理念的杨柳郡美育馆。“五星级家长”的学习积分可以用来兑换基地的线下课程和活动，基地也成了“五星级家长”互助成长的新空间。俱乐部鼓励成员之间互助共享，在阐明成员义务的条例中明确规定“成员之间相互帮助，共享亲子教育信息，积极为俱乐部提供关于家庭教育方面的创新建议”。上城区家庭教育指导中心依托“五星俱乐部”开展家庭教育咨询，举办家庭教育培训、沙龙、论坛、研讨会、座谈会等，“五星级家长”作为俱乐部成员时常能在活动中分享自己的做法，或者从其他成员处汲取经验。一个个生动的家庭故事形成了育儿的“科学场”，推动了家长在家庭教育理念、行动、成效等方面比学赶超的正向成长。互相学习、共同成长、联动助力，“五星俱乐部”成为上城家长学习家庭教育的高水平专业组织。

2. 个性化：满足不同家庭的教育需求

不同的孩子有不同的成长路径，学校需要对孩子因材施教，家庭教育指导工作也应考虑家长之间的差异性。家长和孩子一样，也会有许多不一样的地方，如素质起点不等、学习需求不一、学习动力不齐、学习习惯不同等。“五星俱乐部”的课程设置就综合考虑了这些因素，优选主题编排了菜单式的课程内容，成员们可以根据个人需要自由选择课程内容进行学习，自己给自己量身定制课程方案。在“星级家长执照”平台上，专门设有俱乐部课程，家长在遇到实际问题或困惑时，可以随时打开课程菜单，选择相关主题进行即时学习。平台上的课程内容以数字化的方式呈现，有视频学习、文字阅读、实践参与、网络直播等，多样的形式给家长提供了多种选择。杭州市时代小学是区域内唯一的省级家庭教育全媒体平台的首批试点单位，2018 年就在之江汇教育广场上开设“灵犀学社”，成为“五星俱乐部”数字化课程的最初样本。此外，“五星俱乐部”还会优先为成员提供针对不同家庭教育问题的线下主题讲座或个性化的专家在线咨询。比如，杭州市百合花幼儿园的“家长联盟”，以创意坊游戏为内容载体，组织线下亲子活动，让参与家长在专家的引领下，在陪伴孩子的过程中，学做好家长。开放式的课程设置，可选择的课程内容，数字化的呈现方式，拓展了“五星级家长”的学习通道，也满足了不同家庭的需求。

3. 辐射性：实现区域共进的家教愿景

“五星俱乐部”聚集了区域中好学、善学的家长，通过俱乐部的课程和活动，进一步提升其家庭教育能力，并取得了初步的成果。这些外显于家长言行、具化于孩子举止的变化，成为其他家长的目标与方向。这与“五星俱乐部”的工作初心不谋而合。扩展“五星俱乐部”成员的资源，让区域内更多的家长获得优质的家庭教育指导，让每一位上城家长成为合格的家长，是“星级家长执照”工程的教育使命。区域家庭教育指导中心在实施“星级家长执照”工程的过程中，将“五星俱乐部”的优秀家长资源最大化，进行了两种实践：一是举办“五星级家长”讲坛，让“五星级家长”不仅自己学得好、做得好，还要梳理方法、形成经验并进行分享，用不同的家教故事提升区域家庭教育水平；

二是启用流动俱乐部，将“五星俱乐部”的课程和活动放入“五星级家长”的孩子所在的学校，给更多家长接触“五星俱乐部”的机会，通过亲眼所见、亲耳所闻、亲身体验，边学边做，越做越好。于学校而言，各校家庭教育指导中心通过学校，充分调动并借力散落在每一个学校的“五星级家长”，让优秀家长的经验传递到整个班级，再传递到整所学校。“五星俱乐部”让一个“五星级家长”影响并带动一个学校的家长，传递“五星俱乐部”的家教学习热情，传播上城“五星级家长”的育儿经验。

三、“五星俱乐部”的实践操作

家长群体的多元性、复杂性，决定了家庭教育指导工作需注意不同对象之间的差异，文化背景和习惯不同的家长对家庭教育有不同的关注视角、对家庭教育指导有不同要求，这都是家庭教育指导工作要重点考虑的因素。“五星俱乐部”内涵的定位和价值意蕴的探索，为实践层面的具体操作提供了方向和依据，俱乐部的运行遵循服务性、适合性和可行性原则，在满足家长不断提高的服务需求的同时，进行完善和创新，顺应时代发展，适应家长成长。具体实践从四个方面展开，即：亲历式的五星父母课程、精品化的五星共育网络、陪伴型的五星培育模式、赋能系的“五星级家长”团队。

1. 亲历式的五星父母课程，创新家庭教育指导内容体系

对于“五星俱乐部”中的“五星级家长”来说，相比普及性的育儿知识，他们更需要先进的育儿理念与方向明确的专业指导。专家也认为，好家长的形象是在陪伴孩子成长的过程中越来越清晰的，好家长的能力也是在无数次的亲身体验中越做越强的。基于这样的认识和经验，“五星俱乐部”在设置课程内容时做了充分的考虑，开设了以实践性操作为主的家庭教育指导内容，围绕每一次课程主题，“五星级家长”需要有“实战”经历，亲身投入课程情境，参与完成课程任务，实际体验课程过程。近年来，“五星俱乐部”推出了各种

不同形式的体验类课程，如家庭教育观影沙龙、“双减”阅读吧、妈妈故事汇、爸爸导游、父母读诗团、花裙子外婆、机器人爷爷等，深受“五星级家长”及他们的家庭欢迎，获得了良好的社会美誉度。通过下面两个案例，可以更具体地感受“五星俱乐部”在亲历式课程上的思考与实践。

案例 7-1-1 观影沙龙，共解成长密码

此次沙龙现场特别点映了历时 12 年拍摄的教育纪录片《零零后》，并特别邀请影片的制作人、北京师范大学副教授樊启鹏老师与上城区的家长们针对家庭教育进行交流分享，共同解读孩子的“成长密码”。在温馨的沙龙氛围中，许多关心孩子成长的家长聚集在一起，共话教育、探讨育人，借由观影激发对话，经由分享推进行动，通过彼此联结激荡出创新教育的层层涟漪，积极与樊启鹏老师及到场家长们讨论教育问题，从国际先进的教育理念，到国内的教育现实，探索父母、社会、学校对孩子的成长会产生怎样的影响。

（杭州市时代小学）

沙龙以观影、反思、讨论的方式展开，既轻松又新潮，各行各业的家长们也获得了一次不可多得的情景教学，更在教育智慧的碰撞中获得了精神上的滋养。成长本身就是一部温情、诙谐而又厚重的电影，家庭教育行为是一个个多彩绚丽的镜头。“五星俱乐部”定期举行的教育观影沙龙与邀请到的教育界嘉宾为许多的家长带去思想与行为的引领与启发。

案例 7-1-2 纸短情长，家书传递亲情

叮！一则“好书征集令”出现在了杭州市时代小学的校“五星俱乐部”——“灵犀学社”的页面，星级家长与教师一一结对。微信公众号平

台推荐了不同门类的教育好书，并讲述在家庭生活点滴中践行家风家教、用正确教育理念和科学教育方法教育孩子的故事。定期发布的好书推荐与教育故事获得了“灵犀学社”星级家长们的点赞。线下，校园图书室特别开辟“家书‘悦读’”专区，家长、学生有了一片独特的阅读空间。学校还通过“灵犀学社”举行“书香润家风”读书分享会活动，请“五星级家长”和家庭教育专家做嘉宾，从书籍出发，针对每期主题探讨家庭教育问题，并邀请星级家长们参与到活动中展开讨论，用阅读传递力量，用分享延续关爱。

（杭州市时代小学）

家书是家风文化传承的重要载体，其隐藏着精神基因、体现着人文情怀，是家庭教育的缩影与体现。笔墨传香，表情达意，家长与孩子以一份份家书作为心灵沟通的桥梁，将平时难以言说的话语通过书信表达，沟通着思想、交流着感情、传递着爱意，让爱的交流在纸上有效化。

亲历式的五星父母课程旨在引导家长亲身经历，产生真实感受，形成自觉意识，转变教育言行。这样的课程设计，在优化家长学习内容和形式的同时，也创新了区域家庭教育指导的内容体系，彰显出“星级家长执照”工程的个性化服务理念。

2. 精品化的五星共育网络，推动家校政社融合育人

高质量的家庭教育体系，应当是家校政社协同育人，各归其位，彼此理解与支持，家庭、学校、政府和社会不应是相互独立的教育孤岛，只有构建起科学、完善的育人网络，才能更好地巩固育人成果。“五星俱乐部”正是在这样的背景下应运而生的，联结社政资源，统筹多方力量，拓展校外家庭教育指导实践基地，聚集家庭教育指导的专业力量，让家庭教育的目标同向、行动同步、成果共享，从而形成合力。在上城区范围内，已有多个学校与社区联合开展区域家庭教育指导，在线下教育场所中创设出以体验、感知为基础的教育模式，

让“五星级家长”借助知识学习的契机，让社区中的传统历史文化、优秀乡风民俗、特色产业活动浸润优秀家风，助力家庭个性化发展。“五星俱乐部”有了活动的平台，示范家庭间有了交流互进的机会，精英型指导团队有了定期精准培训的空间，服务型志愿团队有了持续性家教服务的机会，家庭、学校、政府和社会之间也有了更多持续推进的资源，切实增强“五星级家长”对于教育的获得感、幸福感和安全感。以下是三所小学在精品化共育网络搭建上的行动探索案例。

案例 7-1-3 皇城根下学与研，宋韵家风好传承

“皇城根——优秀传统文化山南学研基地”与“皇城根——杨柳郡澎致传世名画美育馆”分别是杭州市胜利山南小学与杭州市澎致小学立足家校政社协同育人所构建的线下实践基地。学研基地通过多方联动，开发与引进优秀传统文化教育资源，构建集空间环境、学习支持、智能技术、实践体验为一体的复合式、无边界、智慧型的学习空间。学研基地中以丰富的传统文化展品、多元的传统体验项目、独特的实践传习课程带领“五星俱乐部”成员们品味宋人生活之精致，体会宋人艺文之风雅，在亲子活动中感受家风传承。

（杭州市胜利山南小学、杭州市澎致小学）

“皇城根——优秀传统文化山南学研基地”与“皇城根——杨柳郡澎致传世名画美育馆”以宋韵文化传承为切入口，努力创造宋韵文化课程资源、服务学生及家长的发展，为“五星俱乐部”提供更广阔的互动空间，让宋人艺文之风雅深入人心。

案例 7-1-4 晓荷淘乐园，家校政社共育人

“晓荷淘乐园”是上城区未来社区教育场景的落地成果，采荷街道与杭州采荷第二小学教育集团合作探索“家校政社融通机制”，由政府搭台、晓荷家委会联动，建立实体化名师工作室，推动名师走下讲台、走进社区，“社区大先生”走进校园、走上讲台，实现“学校在社区中，社区在学校中”的未来教育新形态，为未来社区建设提供新范本。“晓荷淘乐园”组建家庭教育帮帮团，让理想课堂、完美教室、数字教学、宋韵体验就在身边，让家长和孩子都享受到“双减”释放的社会红利。

（杭州采荷第二小学教育集团）

在“晓荷淘乐园”中，政府支持、学校主导、家庭主体、社会参与的大教育观激发了育人合力，“五星级俱乐部”有了一个充满智慧技术的精神共富空间，开设“社区大先生”课堂、亲子课堂、荷悦直播、晓荷慧展、淘乐书吧等多样活动，致力于促进家校政社协同育人。

精品化的五星共育网络聚集了优质的家庭教育资源，从活动场地、授课专家、社会资源等方面给“五星级家长”提供了更为便捷、经济和有效的服务，让俱乐部成员充分享受学习福利。俱乐部活动的良性循环持续推动了区域内家校政社的积极互动，社区与社区之间，学校与学校之间，互为借鉴、相互助力，聚协同育人之力，凸显“星级家长执照”工程的专业性。

3. 陪伴型的五星培育模式，提升家庭育人实操能力

陪伴是最好的教育，真正高效的陪伴不在于时间的长短，而在于质量的高低。“双减”之下，“五星级家长”重视在高质量陪伴下开启亲子幸福时光。做优秀的家长，才能培养出优秀的孩子。通过“星级家长执照”平台，家长通过学习、实践与分享累计相应数量的积分，这些积分不仅见证了家长对于育儿知识的掌握、家庭教育水平的提高，能作为加入“五星俱乐部”的凭证，同时

也能成为亲子参与“行走德育”“淘平台”等区域平台活动的兑换券，以此获得更高水平的亲子陪伴与研学体验。其中，“行走德育”是上城区自2016年开始尝试的区域创新探索价值铸魂的研究，3年时间便为区内外众多学校和家庭开发了适合班级和家庭亲子活动的场馆项目，建构了行走网图，孵化了90个校内外基地，联通了80条路线；与此同时，“淘活动”平台拓展了德育的“云”时空，以智能化功能支持亲子在行走中选择、体验和评价41个升级课程。“陪伴”并非“陪着”，通过高质量的陪伴方式，“五星级家长”将言传与身教相结合，真诚地接纳和欣赏孩子，在交流中温暖彼此。以下两个案例是“五星俱乐部”探索亲子陪伴五星模式上的实践。

案例7-1-5 “淘活动”助“双减”，积分兑换畅心行

“淘活动”平台是杭州首家全公益性质的青少年校外研学平台，学生能一键“淘”到喜欢的活动，有效解决“双减”后孩子课后“去哪儿”的问题。2021年，平台已有115家进驻场馆，上新1000余场活动，参与学生达78000余人，打造了家校政社协同育人新模式。在“淘活动”平台上，“五星级家长”可以凭借陪伴积分，及时“淘”到孩子心仪的活动项目，让孩子的课外活动有广阔新天地，让家长实现高质量陪伴，畅心无忧。如区教育局于2021年3月发起设立“每周家庭日”倡议，建议家长与孩子在假期中共享幸福。“五星级家长”可登录上城区中小学生“淘活动”平台下载亲子研学路线、亲子共读书目、亲子艺术活动、亲子体育游戏、亲子劳动项目等一系列活动资源，可凭陪伴积分预约相关活动场所，体验亲子活动课程。

（上城区青少年活动中心）

“淘活动”平台适应了“双减”大背景下亲子陪伴的问题，挖掘区域资源，让“五星俱乐部”的家长通过区域数字化平台，在活动中帮助孩子实现身心

健康发展。这有助于建立良好的亲子关系，营造和谐的家庭教育氛围，让孩子拥有快乐的童年生活，幸福地成长。

案例 7-1-6 家校合力，温馨度“家长节”

“五星级家长”在节日中走进校园，到班级课堂中随堂听课，感受互动课堂的魅力，借助零距离接触孩子的机会，让家校间深入有效地沟通与交流。来自不同岗位的“五星级家长”还走上讲台，各显神通，为孩子们开启了一节节别开生面的人生课堂。从知识普及到实践创作，“五星级家长”倾力奉献，带来满满“干货”。乐趣非凡的“亲子嘉年华”，让平时工作繁忙的爸爸妈妈都投身到线下活动中，陪伴自己的孩子度过丰富充实的一天。多媒体线下活动和自选“菜单”式线上活动相结合，为家校合作构建起坚实的桥梁。

（杭州师范大学东城实验学校）

校园内外都是“五星级俱乐部”亲子活动的时空，杭州师范大学东城实验学校以“五星俱乐部”为载体举办了第一届家长节，通过家长进课堂、家长上讲台、亲子嘉年华、班级圆桌会、合力微论坛等活动，吸引了 1600 多名家长在线上、线下共同参与，让陪伴成为乐趣，让陪伴成为爱的直接表达。

陪伴型的五星培育模式是“五星俱乐部”在家庭教育指导工作思考与行动上的突破性进步，这是“星级家长执照”工程理论与实践上的创新。家长的培育从纸上谈兵式的听和看，进入了真实情景中的陪和伴，做中学、玩中学的理念从学生培养延伸到了家长培育。规范的平台提供了丰富的陪伴课程内容，为“五星级家长”的自觉主动成长提供“沃土”，区域内的家长逐渐成为亲子陪伴的行动派，“五星俱乐部”成员更是其中的先行者。

4. 赋能系的“五星级家长”团队，助力“星级家长执照”成果辐射

家长是孩子的第一任教师，家长的育儿观念在很大程度上影响着家庭教育的效果，做一个“有教育胜任力”的家长成为当代家长的重要课题。独学而无友则孤陋寡闻，“五星俱乐部”的成员通过系列性的学习和实践，不仅在自己教育孩子的过程中积累了教育心得，还成为能将教育智慧散播得更广泛的“家长讲师”。面对育人过程中遇到的具体问题和真实需求，相比于专家与教师的高位引领，许多家长与同为家长的“五星级家长”更有情感的共鸣，故而“家家同步携手”更容易实现。家长们借助“五星级家长”讲师团在家庭教育方面具有灵活性、技巧性，通过各种途径丰富自己的教育知识，转变自己的教育观念，加强自己的学习，提高自己的教育能力。以下是两个“五星级家长”团队助力“星级家长执照”成果辐射的案例，以此促使更多的“五星级家长”在家庭教育上能为广大家长提供更多的引领和帮助。

案例 7-1-7　视力辅导员守护“1.0”，家校合作助力健康

“潘爸”是上城区浙江大学医学院附属邵逸夫医院的一位眼科医生，他不仅守护着来医院治疗眼疾的患者，还从女儿一年级起，便主动承担起了守护全班 34 名学生视力的责任。家长会上“潘爸”除了给家长们科普预防近视工作的举措，还发放专业视力测试表、布置自测视力作业，为每双眼睛建立视力档案，守护“1.0”成了这位“视力辅导员”定下的目标。随着家校合作共护健康的深入开展，“潘爸”有了更多的守护对象，他定期来为低年级学生和他们的家长开设预防近视科普讲座，组织全校各年级家长建立“预防近视志愿者团队”，让全校每个孩子自愿参与一月一次的视力检测，及时了解自己的视力情况。

（杭州市时代小学）

“潘爸”用自己的专业知识，以不同的形式给家长普及预防近视工作的意义和学校预防近视工作的举措，在数字家长学校平台上发布预防近视家庭工作的主题课程，向家长传播正确预防近视的措施。他不仅在校内做出了行动，在校外也充分利用资源，助力学生视力防护工作的展开。中央电视台新闻频道《新闻周刊》栏目也就“潘爸”和学校合作共护健康的做法进行了深入报道。“潘爸”用自己的实际行动诠释着优秀家长的榜样力量，让更多的家长和学生受益。

案例 7-1-8 “爸爸驾到”，用父亲的力量助力“双减”落地

“爸爸驾到”是杭州师范大学第一附属小学的一项家庭教育活动，是专门为爸爸们设置的展示自我和学习交流的平台。学校围绕不同主题和当下热门的家庭教育话题，邀请爸爸们以演讲、报告、故事分享等形式分享自己的育儿故事和教育理念，由专家进行点评，通过初赛、复赛、决赛的层层角逐，评选出优秀案例。活动引起了热烈的反响，同时，受到了很多家长和孩子的追捧。“爸爸驾到”系列活动不仅使家庭教育的重要性让更多人看见，还推动“双减”政策落地见效，促进家校协同教育更好地发展。

（杭州师范大学第一附属小学）

越来越多的心理学研究表明，爸爸在孩子成长的过程中至关重要，缺少爸爸教育的孩子，在认知、性格、情感、意志和思维方式等方面都会受到很大的影响。“爸爸驾到”系列活动中典型的爸爸育儿案例，被汇集成册，为更多爸爸提供育儿经验，也促使爸爸们主动参与到家庭教育中，让他们更加珍惜陪伴孩子的美好时光，从而使孩子在成长中得到更全面的教育和更长远的发展。

赋能系的“五星级家长”团队用自身良好的家庭教育经验和专业的职业技能水平，让更多的家长互相借鉴经验，使家长能够在众多的教育方法中，结合孩子存在的问题，精准地掌握针对性的教育措施；注重家庭教育，建立良好

的亲子关系；处理好家庭与孩子教育的关系；扬长避短，多途径地参与家校共育。在这个过程中，“五星级家长”鲜活有效的经验得到了推广，同时，成功地引导和帮助更多的家长在家庭教育中取得成效。

四、“五星俱乐部”的实践成效

“双减”政策在给学校教育带来新挑战与新机遇的同时，也给家庭教育带来新思考。“五星俱乐部”以共享发展助成长为创建初衷，在确认学校协同育人内涵的基础上，从教育质量观的视角，积极探索促进孩子健康成长的家校共育途径；从学校层面梳理并实践了家校政社协力育人的操作样式，提炼了共享发展助力成长的实践经验，有效提升了家长整体教育素养和家庭教育水平，助力学生实现全面发展。

1. 普及优秀家庭教育意识，传播美好教育新理念

为引导广大家长重视家庭教育、改进家庭教育方法，上城区的学校通过组织线上和线下的家长课堂、读书沙龙、案例分享等活动，普及并深化“家长家庭教育学识越多，学生成长越全面”的家庭教育意识。在鼓励家长不断汲取育人知识的同时，为家长创造学习机会和平台，引导家长积极学习现代家庭教育的科学知识和方法，提升家长个人素养和育儿技能，传播美好教育新理念。家长通过运用家庭教育相关理论知识，结合自身育儿实践经验，针对具体问题进行具体分析，在交流、提问、思辨中透过表象抓取本质，聚焦本质问题，提供具体的指导策略和解决方案，在进一步的育人实践中及时提炼改进措施，并继续参与到互助共长的共育体系中。在“五星俱乐部”的长期引导下，家长积极学习家庭教育知识，并随着孩子的成长及时调整教育行为和亲子互动方式，形成循环式的良好教育惯性行为。

2. 丰富家长共学课程载体，创新美好教育新方式

上城区的学校通过多方式、多途径的调查，精准了解家长的家庭教育指导需求，结合各学段学生身心发展的实际情况，有层次性、有针对性地开展线上、线下家庭教育课程和活动；创新使用数字化平台，贴合家长教育的“非全日制、弱强制性”特征，全息动态分享家长学校课程，实现线上、线下同步；灵活切换家校育人课程和活动的教育途径，根据本校情况，个性化地整合并推广上城区“星级家长执照”和“家庭教育名家讲堂”的课程资源，为广大家长学习与交流家庭教育理念、经验和方法搭建动态、有效的平台。从实际实施效果来看，在丰富的家长共学课程的支撑下，家长可以充分利用碎片时间，积极学习、思考和实践，对家长提高个人教育素养和育人能力并最终成为学习型好家长、实现家庭教育与学校教育的同生共长起到了积极的推进作用。

3. 助力家校政社同生共长，展现美好教育新样态

上城区的学校积极践行政府的教育政策，形成政府主导、学校组织、家长参与、社会支持的工作格局。学校作为政府、社会与家庭间的纽带，积极发挥着应有的桥梁作用：在学校与家长建立起统一的理念和目标的基础上，在家校合作育人过程中，积极寻求校外课程资源，结合本校学生实际情况，遴选、邀请适合本校的社会资源，有针对性地开发、整合课程资源；邀请校内外家庭教育指导专家，为家长开展线上、线下家庭教育指导培训、讲座，与校内课程互为补充。同时，为家长开通更多线上、线下的走进课堂、零距离接触孩子学习过程的通道，让家长有机会真看、真听、真感受孩子的成长过程，以帮助家长对孩子的成长状态有更全面、更客观的认识与评价，促进家校间深入有效地沟通与交流。这为有效引导家长参与学校教育，形成家校教育合力，实现家校政社教育一体化的深度合作奠定了良好的基础。

“五星俱乐部”的成功落地，打破了教育边界的围墙，焕发政府、家庭、学校、社会各方魅力，致力于让家校紧密携手，让教育回归本质，让学生拥有充实而美好的人生，让美好教育向美而生。

第二节
每周家庭日：长情告白多陪伴

⊙

奥地利著名心理学家阿尔弗雷德·阿德勒曾说，“幸运的人一生都被童年治愈，不幸的人一生都在治愈童年”。童年经历对人的生活影响重大，童年充满不愉快的人常对外界充满戒备，而在愉悦环境中成长的人，往往对社会充满信心。童年在一个人的成长过程中起着关键性的作用，童年时期和谐、友爱的原生家庭环境有助于孩子拥有健全的人格。美好的童年需要父母掌握良好的教养方式并提供高效的亲子陪伴时光。“每周家庭日”的初衷就是希望父母能够关注孩子的发展需求，在孩子成长的道路上给予孩子足够的陪伴，引导孩子健康快乐地成长，让孩子拥有幸福的童年。

一、“每周家庭日”的内涵概述

1989 年 12 月 8 日，第 44 届联合国大会通过一项决议，宣布 1994 年为国际家庭年；1993 年纽约特别会议将 1994 年起每年 5 月 15 日定为国际家庭日，以此提高各国政府的重视和公众对于家庭问题的认识，促进家庭的和睦、幸福和进步。

家庭是人类社会的重要组成部分，具有特殊的意义和地位，家庭是应人的需求而出现的。“家庭日”实际就是定期举办家庭聚会，精心设计、安排各种挑战项目，一家人抽出一段固定时间好好地经历一场爱的家庭挑战赛，对孩子的成长很有意义。

《中华人民共和国家庭教育促进法》明确了家庭教育的定义以及父母或其他监护人的责任等。而“双减”政策的落地也要求家庭教育回归本位。上城区教育局在陪伴儿童快乐成长的探索道路上行稳致远，提出“每周家庭日”的倡议，即每个家庭应有每周一日的亲子相处时间，希望家长能够增加陪伴时间、提高陪伴质量。

为了鼓励家长更好地陪伴孩子快乐、健康地成长，“每周家庭日”倡议每个家庭在周末时光陪孩子进行以下几类亲子活动：同走一条研学之路，共读一本幸福之书，开启一次艺术之旅，共享一场运动之趣，体验一回家务之乐（见图 7-2-1）。通过这“五个一”将五育并举可操作化，更好地助力家长实现高质量的陪伴。“每周家庭日”活动架起了亲子间沟通交流的桥梁，引起了家长对亲子关系的重视，助推了家庭和谐氛围的建立。“每周家庭日”倡议是“星级家长执照”工作中的重要一环，让家长明责任、常陪伴，有助于提高家庭教育品质，提升市民整体素质。

图 7-2-1 “每周家庭日”的内容和方式

二、“每周家庭日”的价值意蕴

“每周家庭日”的推出让陪伴不再是一句口号，它开阔了亲子共学的视野，有助于孩子发现生活中的美，也让家长放慢脚步关注孩子身心发展的现状，意识到孩子的成长离不开父母的言传身教，重视孩子行为习惯的培养。“每周家庭日”的提出有助于家长转变教育理念，让家长能够真正地从孩子的视角去解读他们的成长需求，因材施教，给予正确的引导，同时也能不断凝聚家校合力，推进家校社协同育人，让陪伴成为孩子最温馨美好的回忆。

1. 行为理论助推家长观念转变

家庭是孩子的启蒙课堂，父母是孩子的首任教师。孩子的成长离不开父母的陪伴，而陪伴正是最好的家庭教育形式。可当下家庭教育过程中普遍存在父亲缺位、母亲焦虑的现象。亲子陪伴关系常出现这样的矛盾：父亲觉得“我很忙”，母亲认为“我不懂”“我有陪”。城市中出现了大量的“假性单亲”家庭和缺少父母高质量陪伴的孩子，这些孩子有父母在身边，但是却没有得到父母的关注和陪伴。调查显示，大部分父母在亲子陪伴过程中的主要问题源于时间压力，他们没有足够的时间陪伴孩子，能给孩子的高质量陪伴时间不够；而在有限的家庭共处时光中，和孩子一起看电视多于参加户外运动。有的家长的陪伴过于形式化，对于如何陪伴处于不理解的状态，以为只要和孩子在一起就是陪伴；还有的家长在陪伴的过程中出现“高控现象”，父母不知道如何陪伴孩子，缺少与孩子的情感沟通和交融，导致亲子关系不和谐。

美国心理学家华生的行为主义理论认为行为决定习惯，习惯决定性格，性格决定命运。一个人的习惯是在适应外部环境和内部环境的过程中学会更快地采取行动的结果。习惯的形成，实质上是形成了一系列的条件反射。一个孩子的行为习惯的养成很容易受到家庭教育环境以及父母行为的影响。父母的行为直接影响孩子的行为习惯的养成，最后慢慢影响孩子的性格。所以孩子成长过程中父母必须高度重视自己的言行，给孩子创造一个良好的成长环境，用高质量的陪伴引导孩子在成长过程中养成良好的行为习惯。

“每周家庭日”的提出，让父母明确自己应基于儿童的视角，走进孩子的世界，从孩子的身心发展特点、兴趣需要及成长发展需求等不同维度去全面地倾听、了解、关注“陪伴孩子”，在日常陪伴过程中，家长需要给予孩子一定的情感支持与帮助，多和孩子快乐互动，用自己的行为在潜移默化中影响孩子养成良好的行为习惯，做好“陪”和“伴”。“每周家庭日”的提出，让父母意识到陪伴的重要性，明确了在孩子成长过程中自己的职责和义务，即常聆听、多理解，做好孩子成长道路上的陪伴者、支持者、合作者、指导者。

2. 视角转换促进儿童健康成长

父母都希望自己的孩子能够全面健康地发展，可是总会发现孩子存在许多社会性发展的不足：有的性格内向、缺乏自信，有的不爱与他人沟通、不善表达，有的存在攻击性行为倾向，有的抗挫折能力特别差，等等。孩子表现出来的行为差别不是短时间形成的，其主要原因是孩子在成长过程中缺乏家长有效的陪伴与引导，还有就是家长未能很好地了解孩子在不同阶段的发展特点，未能在孩子需要的时候给予重视和引导，家长的忽视可能导致孩子养成一些不良的行为习惯。美国心理学家格塞尔明确提出：家长要与孩子一同成长。孩子的成长具有其独特的阶段生理性和特殊的发展规律和特点，是长期、持续地在生活中进行的。在每一个发展阶段，家长都需要从孩子的视角关注其特点和需求，读懂孩子，走进孩子的世界，在陪伴中加以引导，促使孩子更健康地成长。

最好的教育就是陪伴，它需要存在于孩子成长的各个时期。“每周家庭日”的提出就是倡导在孩子成长的各个阶段，父母都不能缺位，孩子的成长之路离不开父母的有效陪伴和高质量陪伴。在家庭教育过程中，父母有效的陪伴、支持与肯定有助于孩子实现自我价值，养成良好的品格。同时，父母的高质量陪伴直接关系到亲子关系的和谐；而亲子关系是否和谐，直接影响孩子独立人格的形成和健全心理的建立，影响孩子的一生。“每周家庭日”的倡导促使父母关注孩子、了解孩子，运用科学的方法教育、引导孩子，给予孩子快乐的童年。

3. 协同发展提升家长教育质量

家庭教育是教育的开端。家长应该重言传、重身教，教知识、育品德，身体力行、耳濡目染，帮助孩子扣好人生的第一粒扣子。

“每周家庭日”的提出联动了家校政社的协同发展。学校积极发挥了主导作用，搭建平台，提供资源，起到指导、引领家长的作用。家长在学校的引领下能够积极响应，践行“每周家庭日”活动，主动参与陪伴，明确孩子才是陪伴的主体，给予孩子高质量的亲子陪伴，促进亲子关系和谐发展。

“每周家庭日”促使家长从迷茫走向专业，有助于提升家庭教育质量，构建和谐的家校共育机制，实现家校政社协同发展、携手共进，共建上城美好教育。

三、“每周家庭日”的实践操作

上城教育一直致力于“星级家长执照”实践研究，倡导学校设立“每周家庭日”，让亲情陪伴孩子成长。学校、教师如何发挥指导作用，引领家长回归家庭教育，做好亲子陪伴？上城教育有自己独特的“打开方式”。

家庭是孩子的第一个课堂，参与家庭生活是孩子最初的实践活动。陶行知提出，生活即教育，教育来源于生活，教育在种种生活中进行。“每周家庭日”活动的有效推进，要遵循相关的原则，需基于孩子的视角，选择贴近孩子实际生活和成长需要的内容，活动内容要注重适宜性及生活化。

1. 基于五个小锦囊，有效推进家庭日的践行

“每周家庭日”活动的实施与开展，家长和孩子才是主体，学校起着主导的作用，在组织活动的过程中应基于以下五点来高效践行：

（1）基于孩子的年龄特点，选择合适的陪伴方式。不过分注重陪伴过程中

的学习效果，而是在陪伴过程中让孩子养成一些良好的学习习惯，激发孩子的学习兴趣以及探究欲望，促进亲子关系和谐发展，让孩子与父母通过“每周家庭日”共赢共成长。

（2）基于孩子的兴趣需求，选择合适的内容开展亲子陪伴。让兴趣和需求激发孩子的内驱力，从而达到事半功倍的效果。家长应关注孩子的内在需求，通过和孩子沟通交流选择适合孩子的方式来进行亲子陪伴。

（3）基于家庭的实际情况，确定陪伴的时间及陪伴的人选。有些父母受职业影响无法在周末陪伴孩子外出，可以选择在下班后的某一时段陪伴孩子，也可以根据孩子的需求，在不同的时段交替陪伴孩子。

（4）基于菜单式计划制订，思考在前。家长提前做好陪伴计划，让每一次的亲子陪伴都能够有计划、有组织地落地。学校可以给家长提供相应的活动方案，让家长在有对象可参考的情况下逐步成长，形成一套契合自身实际情况的“每周家庭日”陪伴模式。

（5）基于周边的丰富资源，考虑就近原则，去发掘社区以及周边的现有资源来开展“每周家庭日”，如图书馆、户外运动场、公园、文化一条街等场所。

2. 聚焦主题式内容，助力家长学会陪伴

“每周家庭日”提出了“五个一”亲子活动，供家长自主选择开展。各校园可以根据亲子研学、亲子阅读、亲子艺术活动、亲子运动、亲子劳动等各种各样的主题，为不同学段的孩子的家长设计相应的主题式菜单，指导家长开展高质量的陪伴。对于亲子研学路线，上城教育为家长提供了“杭州味道之旅”“非遗实践之旅”“红色记忆之旅”等多个亲子研学主题。学校可以通过调研提供亲子文化之旅、科技之旅、生态之旅等研学路线，以主题式的活动内容推进“每周家庭日”活动的有序开展。

杭州市胜利小学以“共享劳动之乐”为主题路线，开展“每周家庭日”活动。让孩子们能够从身边的劳动做起：为长辈分担家务，自己整理房间、叠被子、洗衣服、扫地、拖地、拿快递；为长辈端茶倒水、按摩洗脚；学习一项新的

劳动技能，如包饺子、炒菜、织毛衣、制作精美的小手工；等等。让孩子们参与一些力所能及的劳动，培养孩子的劳动习惯，促感恩之情、增家庭之乐、弘孝老之道、展审美之韵。家长在亲子陪伴劳动的过程中言传身教，亲子关系更加和谐，父母陪伴孩子的意愿更强了，亲子沟通得到了加强。

案例 7-2-1　家庭日——共享劳动之乐

小龚是个热爱制作美食的孩子，小龚和奶奶一起包水饺，学习馅料调制，擀饺子皮等，在劳动中洒下汗水，体会了劳动的艰辛，同时学会了一项生活技能，制作了美味的食物，让家里人也能品尝自己的劳动果实。小龚的妈妈提到小龚之前也很喜欢给全家人制作美食，这次跟奶奶学习包水饺，奶奶激动地说："活到这把年纪了，第一次吃到了孙女做的饭，这个孙女真没有白疼！"小龚的爸爸妈妈觉得通过这项活动孩子的动手能力提高了，而且把饭菜发到朋友圈还引来了其他父母的"围观"和羡慕，他们很开心，觉得有这样的女儿很幸福。

（杭州市胜利小学）

劳动教育是我国全面发展教育的重要组成部分之一，有助于学生培养生活技能、养成良好的行为习惯、塑造优秀的道德品质，是推进立德树人的时代选择。将劳动这一主题作为"每周家庭日"的有机载体，学生既可以将在学校劳动与技术课程中学到的技能进行练习与应用，又能在父母的陪伴示范下学习基本的生活技能，感受陪伴的温暖和快乐，这进一步推动了亲子互动。

3. 坚持目标导向，共推共学模式的落地开花

"每周家庭日"的倡导是为了父母能够更好地陪伴孩子，能够在陪伴中满足孩子的需求，促进孩子和家长的共同成长，所以学校在倡导"每周家庭日"活动的有序推进的过程中还是要以目标导向为引领，让家长们明确自己的角

色和职责。杭州市大学路小学的“大学小新家庭日”以给孩子营造一个温暖、快乐的童年为目标，以践行培根、铸魂、启智、润心的教育使命为己任。

案例 7-2-2 四个“一小时陪伴”，畅享亲子时光

为了响应“双减”背景下教育回归学校、家庭、社区、公益场馆等的号召，给孩子营造一个温暖、快乐的童年，杭州市大学路小学推出“大学小新家庭日”活动。

老师们成为家庭教育的培训师，为孩子们精心设计了丰富多彩、灵活可选的“四个一小时”家庭日活动内容“菜单”：一小时场馆同研学、一小时亲子伴阅读、一小时体艺共徜徉、一小时家庭齐劳动。孩子们在亲子活动中收获成长，家长们在陪伴中感受幸福。让我们一起去看看吧！

明辨修身 · 场馆同研学

八百米石板路，百年栉风沐雨。隐匿在闹市中的小营巷，凝聚着杭州独特的“红色基因”，催生了“敢为天下先，甘为孺子牛”的红巷精神。孩子在家长的陪伴下，走访了小营巷纪念馆、第二课堂场馆、红色研学活动阵地等（见链接 7-2-1“明辨修身”），学党史、立志向，深入感受爱国情怀。温馨的亲子装、随风飘扬的红领巾，都为家庭日活动增添了不一样的色彩。

链接 7-2-1
明辨修身

博学尚进 · 亲子伴阅读

亲子阅读乐趣多，许多孩子和家长走进浙江图书馆，一起体会读书的感动和乐趣。在这“一小时”中，他们静静地阅读，其间或是轻声讨论，或是相视一笑，无不体现着亲子间的默契。孩子们在家长的陪伴下遨游书海，不仅获取了知识，还让阅读变得更有意义。在亲子阅读中，以阅读为纽带，家长与孩子共同学习、一同成长。

体艺相长·体艺共徜徉

艺术浸润着我们的心灵，运动强健了我们的体魄。家庭日活动中，富有艺术情怀的家长与孩子共奏一首曲、共练书法、共唱红歌，让温馨的亲子时光流淌在跳跃的音符之上、留存于一笔一画之间。与此同时，孩子们没有放松体育锻炼，打羽毛球、亲子毅行、骑自行车，他们在运动中收获快乐，家庭日活动让他们的生活更加多姿多彩。

笃行致远·家庭齐劳动

“家务劳动我能行”，在家庭日活动中，孩子们积极动手，做力所能及的家务劳动，学做菜、给植物浇水、整理书桌，人人争做“劳动小达人”。在劳动过程中，孩子们不仅收获了一项劳动新技能，更深切地感受到父母的辛劳，体会到了劳动创造美好生活的真谛。

在“双减”下，我们不“减”责任，不“减”陪伴，不“减”成长。我们热切地期待，在每一个“大学小新家庭日”，家长和孩子都能一起谱写最动人的亲子篇章！让家校携手，为孩子的健康成长保驾护航！

（杭州市大学路小学）

杭州市大学路小学通过书信形式开启家庭日活动，通过“一封信”叙述孩子成长过程中家庭陪伴的重要性，不仅能提高家长对家庭教育的认识，还能帮助家长明白如何陪伴。在“明辨修身、博学尚进、体艺相长、笃行致远”的培养目标基础上，开设一小时场馆同研学、一小时亲子伴阅读、一小时体艺共徜徉、一小时家庭齐劳动“四个一小时”家庭日主题式菜单。同时，学校每个月会根据教育主题具体安排，调整“四个一小时”内容，选择感兴趣的内容开启亲子之旅。学校提供的菜单极具特色，从内容的选择、伙伴的组成、计划的制订，到活动的实施、成果的呈现都充分尊重家庭的选择。有了活动菜单的引领，家长们自发地开展丰富多彩的活动。学校为家庭日活动注入学校的育人特色，运用已有的课程资源，使家庭日活动在育人方向、目标上与学校达成一致。

4. 融合校园文化特色，共享资源，协同发展

在“每周家庭日”优化与发展的过程中，各校可以融合自己学校的特色、文化和教育理念，将家庭教育和学校教育深度共融。学校架构学习平台，提供活动资源，分享陪伴技巧，让家长树立正确的教育观，融入校园教育，提升陪伴能力，推动学校特色和文化发展，最终让孩子、家长、校园三者共情共融，共赢共发展。

杭州市澎汇小学以“让每一个孩子健康成长、梦想飞扬”为办学理念，坚持立德树人、健康育人。为落实“双减”政策，助力家校共育，守护孩子成长，构建“好澎友”家校新模式，学校开展了“幸福家庭日，陪伴好时光”家庭日活动。活动线上、线下相结合，践行“一周一推送、一期一展示、一学期一评选、一年一节日”工作机制，活动内容分亲子研学、亲子劳动、“星级家长执照”三大板块。其中，亲子研学板块以宋韵文化、亚运文化、非遗传承、红色之旅等为主题，为家长和学生提供线上倡议与游学小任务，以“走出去”的方式创建“健康家庭日”；亲子劳动板块包含整理、洗涤、烹饪、购物、理财、物品使用等方面，学校推出系列微课，让学生在有目的、有计划的亲子劳动中，养成良好的劳动习惯和品质、形成必备劳动技能，家长素养有效提升，亲子关系更加和谐，共促家校社协同推进、有机融合。

案例 7-2-3 以爱为名，向爱出发

杭州市澎汇小学在“新三好少年”培育工程的基础上，推出一批有好本领、好智慧、好形象的“新三好家长”代表，发挥“好澎友”的力量，分享家校共育心得，为立德树人出谋划策，为孩子成长赋能，共促孩子全面发展。

用好星级平台，携手共同成长

家庭是孩子的第一个课堂，父母是孩子的第一任老师。刘乐陶的爸爸妈妈在女儿上幼儿园时期，就利用碎片时间在“星级家长执照”平台学习

家庭教育方法，成为“五星级家长”。进入小学后，依然每周一期，坚持学习，将理论方法实践到女儿的生活学习中，努力做一名“明责任、乐学习、会倾听、常陪伴”的家长。2021 年 11 月，刘乐陶的家长被评为上城区“百名星级好家长”（见图 7-2-2）。

图 7-2-2　刘乐陶的家长被评为上城区“百名星级好家长”

在家长潜移默化的引导下，刘乐陶从小学模范、争做小先锋，刘乐陶的爸爸妈妈在生活的点点滴滴中教育孩子，培育其成为一个有理想、有爱心、有社会责任感的人。

亲子温暖同行，助力爱心公益

关爱自闭症儿童、给环卫工人献爱心、争当小小消防员、体验城市美容师、走访战斗英雄陈爷爷……203 班的刘乐陶虽然年龄不大，但已经是资深的“公益小明星”，先后被评为“环保小达人”“优秀公益小导游”。

教育之始，身体力行。刘乐陶的爸爸妈妈以身垂范，做孩子的好榜样。每个周末，他们坚持陪着刘乐陶参与公益活动，目前已达 10 余次。家庭教育是一片土壤，最重要的是品德教育。在“星级好家长”的陪伴下，刘乐陶将在她的公益之路上走得更远，获得更多的快乐。

营造“有爱”氛围，培育博爱家风

家是孩子的港湾，优良的家风引领人向上向善。刘乐陶的爸爸妈妈特别关注孩子的身心健康，每天都会和孩子交流学校发生的事，通过分享交流与刘乐陶感同身受，让刘乐陶感受到家的温暖，更让她感受到自己的公益道路上时时都有家长的陪伴。刘乐陶的爸爸妈妈很重视孩子的亲子互动时光，依托学校的“每周家庭日”，周末常常与刘乐陶一同去各类实践学习基地学习。以爱之名，向爱前行，这样温暖的家风，从小就在刘乐陶的心里种下了爱他人的种子，“人人为我，我为人人”更成为她待人接物、投身公益的动力。

在爱的浸润下，刘乐陶也成长为澎汇“新三好学生”，在少先队争章活动中获得省级“尚美章”、市级“爱党章”、区级“伙伴章”等多枚奖章，荣获杭州市青少年大运河文化节“南腔北调话美食”视频征集二等奖、区奇迹积木比赛一等奖、区艺术节个人工艺现场赛一等奖等多项奖项。刘乐陶目前担任校红领巾理事会会长，是父母的小棉袄、老师的好帮手、同学的好榜样。

（杭州市澎汇小学）

四、“每周家庭日”的实践成效

童年是父母与孩子心灵沟通、培养孩子安全感的重要阶段。“每周家庭日”倡议的初衷是让孩子的童年充满快乐，让孩子在家长温暖的陪伴和示范性的言行中学会做人、学会生活，形成正确的人生价值观，让家长能有更多的时间陪伴孩子成长。在“双减”政策背景下，“每周家庭日”为学校构建家校合作新模式的探索研究提供了新的思路。“每周家庭日”让家庭教育回归本位，为家长提供操作指南，解决家长不知如何陪伴的苦恼，优化家庭育人的功能，形成健康的家庭合作关系，凸显良好的家庭氛围，促进家庭教育全面开花，为孩子拥有健康幸福的人生奠定基础。

1. 用心用情：为孩子奠定幸福人生的基础

童年的快乐是一生快乐的开端，对于一个人的影响至关重要。孩子一生的幸福离不开教育和环境，孩子的认知风格、行为习惯、性格特征都受家庭教育的影响。童年时期父母高质量的陪伴，会给孩子充分的安全感，同时通过父母的言传身教，能够为孩子塑造人生观、价值观和世界观，让孩子充满自信，敢于尝试和创新。有父母的支持引导和情感注入，孩子会朝着正确的方向前进，在生活中学会做事、学会做人。上城教育发起“每周家庭日”的活动倡议，旨在让每一个家庭和谐、美满，为每一个孩子奠定幸福人生的基础。

2. 有效有利：建立家校社联动机制

习近平总书记在参加全国政协十三届四次会议医药卫生界、教育界委员联组会时指出:“教育的一切行为, 其落脚点都在‘培根铸魂、启智润心’这一八字育人观上。”教育部陆续发文, 对手机管理、课后服务、睡眠管理、作业管理、体质管理等做出了明确的要求, 传递出响亮而清晰的信号: 高质量的教育既要有宏观理念的高位引领, 又要有措施的有效落实。上城教育提出“每周家庭日”, 正是对中央、省、市要求的积极回应。同时, 这一共学模式在实践过程中建立了家校社联动的运行机制、开拓了区域资源、凝聚了学校丰富的活动内容、建构了家庭教育的新样态、解决了家长在孩子成长过程中产生的困惑, 引导家长自主开展实践和有效陪伴, 最终推进了家校社协同育人。

3. 出新出彩：研发亲子课程资源

为了让“每周家庭日”活动能够精彩有序地开展, 上城教育整合各类资源, 如艺术、文化、科技、体育、劳动、研学旅行等, 与相关社会力量、各类活动场馆共建, 研发“每周家庭日”亲子陪伴活动资源包, 为上城家长提供“五个一”的选择。上城区社区学院为助力“每周家庭日”活动开展提供了种类丰富的体验基地资源（见表 7-2-1）, 供家长和孩子共研共学。上城家长可以登录上城区中小学生“淘活动”平台获取家庭日活动攻略, 根据“淘活动”平台提供的攻略开展各种活动。

表 7-2-1　上城区市民终身学习体验基地一览表（2021 年）

基地类别	上城区市民终身学习体验基地名称	基地类别	上城区市民终身学习体验基地名称
生活休闲	上城区消防体验馆	邻里文化	红巷生活馆
	采荷消防安全体验馆		上城区数字统战体验馆暨望江统战之家
	彭埠街道禁毒科技体验馆		南星街道党群服务中心

续表

基地类别	上城区市民终身学习体验基地名称	基地类别	上城区市民终身学习体验基地名称
生活休闲	杭州图书馆生活主题分馆	邻里文化	湖滨家园
	最天使文创书城		馒头山邻里中心
	杭州市解放路购书中心		瓦肆民俗学院
	景巷漂流书屋		在水一方社区综合文化中心
	杭州书房 · 植书＋职工书屋	非遗体验	一新坊
	杭州书房望江分馆		朱炳仁铜雕艺术博物馆
	杭州笕桥抗战纪念馆		杭州胡庆余堂中药博物馆
	尚蓝公寓终身学习体验基地		建国南路中医街
	绿园弄邻里中心		杭州海塘遗址博物馆
	紫阳街道生活安全科普馆		大华书场
	生态文明体验基地	艺术文化	钱塘书画社
	凤凰御元		杭州红门文创
	吾和家美好生活馆		西卡艺术美学馆
	凯益荟公益文化街区	低碳科技	能力风暴机器人活动中心
	上城（四季青）创业陪跑空间		杭州气象科普体验馆
	莘萌品阅		始版桥未来社区展馆
党建服务	红色港湾	国学启蒙	杭州西湖国学馆
	湖滨商圈党群服务中心		
	闸弄口街道“闸们家”党群服务中心		

4. 重陪会伴：转变观念共同成长

家庭是孩子成长的沃土，陪伴是最长情的告白。上城家长积极响应“每周家庭日”的倡导，转变观念，关注孩子成长的实际需求，重视亲子陪伴。家长们领悟到真正的陪伴不是待在孩子的身边，而是走进孩子的内心，于是家长们开启了别样的家庭日之旅。在“每周家庭日”的倡导之下，家长们开始陪伴孩子亲近自然，走进植物园，去感受拥抱四季景物之美；带着孩子去各种自然博物馆、科技馆、丝绸博物馆等，让孩子了解历史人文；带着孩子去听听音乐会、看看画展，让艺术之旅熏陶彼此的心灵；走进图书馆，在书籍中和孩子一起徜徉，和孩子共阅一本书，彼此交流阅读后的感想，感受阅读带来的无限美好；跟孩子一起跑步、打球、骑车，享受运动带来的乐趣；和孩子一起制作各种美食，共同搞卫生、整理房间，开展一次菜场之旅，烧简单的菜肴。让孩子感受家庭的责任，共享劳动的快乐。

“每周家庭日”旨在引导家长重视家庭教育，提升家长亲子陪伴的技巧和能力，拉近亲子之间的距离，构建和谐的亲子关系，也使家长明确自己的职责。高质量的亲子陪伴给了孩子一个美好的童年，让孩子变得越来越自信阳光、朝气蓬勃，使家长变得越来越专业，也促进了孩子和家长的共同成长。

“每周家庭日”活动的开展增加了家长的知识储备，提高了家长的家庭教育指导能力，拓展了家长与孩子互动的空间和时间，让孩子感受到了良好的家庭文化品位，真正地让家庭成为孩子学习的第一所学校，让家长能更好地胜任孩子的第一任教师。

第三节
周末帮帮团：家长联盟促成长

⊙

“双减”后的周末，让每个家庭都有了更多亲子相处的时间，高质量的陪伴无疑是和谐家庭的催化剂。在家庭、社会、学校的共同协助下，“周末帮帮团”实现了“家长之间互帮、互助、互促，孩子有人陪、有事做、有处去”的高质量陪伴模式。

一、“周末帮帮团”的内涵简述

亲子陪伴是提升家庭教育质量的重要方式。《中华人民共和国家庭教育促进法》第十七条明确指出，未成年人的父母要合理应用“亲自养育，加强亲子陪伴”“共同参与，发挥父母双方的作用”“相互促进，父母与子女共同成长”等各种有益于未成年人全面发展、健康成长的方式方法。“双减”政策的出台，减轻了中小学生过重的学业负担，将自由的闲暇时间归还给中小学生。以高质量的亲子陪伴代替课外培训，能丰盈孩子的成长时光，这也是解决当前教育问题的有效途径之一。

有调研发现，“80 后”“90 后”父母在亲子陪伴中有许多痛点：父母在生活、工作中压力较大，亲子陪伴的时长有限，相较于工作日，休息是核心陪伴时段；父母宣称的陪伴只是“陪着”，大数据显示所谓的陪伴时段与其微博、网购和抖音等互联网账户活跃的高峰时段重合较多；在陪伴过程与陪伴方式上仍有较大提升空间，比如没有保持平和的心态与孩子互动，没有注意倾听孩子的想法；等等。上城区也开展过周末亲子陪伴相关情况的调查，发现结果与上述情况相近，进一步分析发现，除亲子共处时间不足、家长陪伴能力不强之外，还存在亲子活动资源欠缺的问题。这样的现实困境仅靠家长一己之力无法破解，迫切需要家校社形成协同合力。

面对这样的现实困境，上城区教育局从亲子陪伴的“痛点”入手，提出“家长联盟互助”的解决方案，在实践中不断发展，最终形成了“周末帮帮团”的行动模式（见图 7-3-1）。

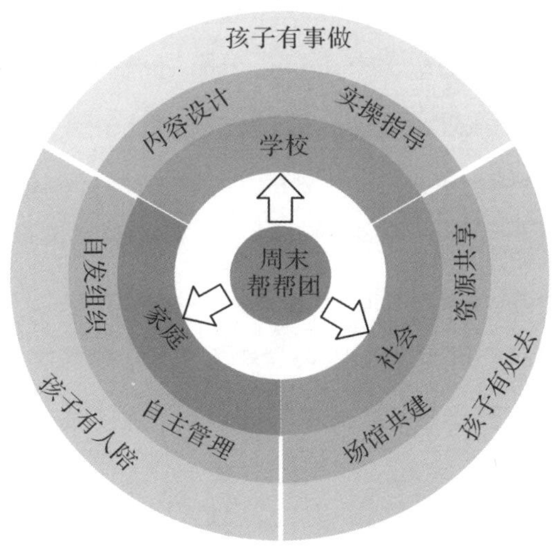

图 7-3-1 “周末帮帮团”家校社联动行动模式

“周末帮帮团”是指家庭群体依靠社会力量共建资源，以家庭互助为主要形式进行周末亲子陪伴的联盟行动。家长在学校的倡导下，以若干户家庭为单位自发组建团队，以双休日、节假日或寒暑假的某一天为活动时间，以“父母值日生”轮值的方式陪伴该团队中所有家庭的孩子。“周末帮帮团”从家庭、学校、社会三个维度建立协同体系，家庭通过自主组团、相互帮助激发内驱力，确保孩子“有人陪”；学校通过制订章程、组建专业指导团队形成外驱力，引导孩子“有事做”；社会通过资源共建提供支持力，实现孩子“有处去”。

本质上来说，“周末帮帮团”是亲子共学的一种形式。亲子共学中的“学”是一个宽泛的概念，是指人在生活过程中相对持久地通过获得经验而改变行为或激发行为潜能的行为方式。这种学习在形式和内容上不是单一的、固定的，而是丰富多样的。虽然它也是一种非正式学习，但是需要一定的设计组织，适应长时间的学习安排；需要更多联系生活的、构建素养导向的学习内容；需要多方的共同参与，以实现共学群体的学习目标。

二、“周末帮帮团”的价值意蕴

正如前文所述，美国心理学家布朗芬布伦纳于 1979 年首次提出了生态系统理论（见图 7-3-2），该理论认为儿童的发展受到多层背景的影响，背景因素相互嵌套从而影响个体发展。儿童所处的生态系统可分为微观系统、中间系统、外层系统和宏观系统。系统中的每部分都会与其他部分相互作用，构成儿童成长的复杂背景。从布朗芬布伦纳的生态教育学理论中我们可以发现，儿童的成长并非一种独立的存在，而是与周围环境相互依赖、相互作用的。因此通过“周末帮帮团”来打破学校、家庭、社会之间的壁垒，能够建设更健康的家庭、更团结的社区、更紧密的社会。“周末帮帮团”还能充分利用家庭、学校、社会的教育资源，赋予家庭教育更全面的内涵，增加学校与家庭的互动和理解，优化孩子的成长环境，增强教育方向的一致性。

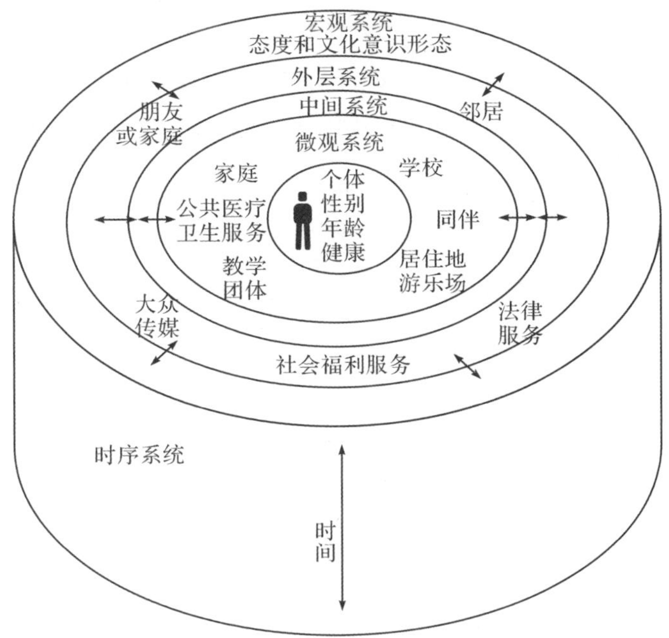

图 7-3-2　布朗芬布伦纳的生态系统

1. 丰富孩子学习环境，促进其社会性发展

随着“双减”政策的推行，学校课业和课外培训压力减轻，儿童可自由支配的时间增加，进一步凸显了家庭教育的重要性。“周末帮帮团”让儿童初步走出家庭、学校单一的环境，进入一个资源丰富多样、相对安全温和的环境，使家长和教师有效、及时地关注儿童的生长节点并创建合理、多元的宽松氛围。特别是对于独生子女家庭来说，互助的形式可以弥补家庭教育过程中同龄人影响的缺失。“周末帮帮团”中快乐的研学活动不仅可以增进亲子关系与同伴友谊，促进亲子间和同龄人间的交流，还能通过同龄人间的交往互动，提升儿童的独立能力、自信心和专注力等，促进其身心健康发展。

2. 增强家长参与意识，提升亲子陪伴质量

学龄期儿童的家长大多忙于工作，常由祖辈帮忙照顾儿童，不同的教育观

念与教育方式使得矛盾冲突频发。“周末帮帮团”以假期亲子共育活动为主要形式，能为不同需要的家长提供合适的帮助，具有丰富的替代强化资源。家长作为亲子陪伴的主体，在遵守学校《“周末帮帮团”章程》与团队《“周末帮帮团”家长公约》的前提下，在大范围和小范围内明确责任，通过互助互补，发挥自我教育功能，共同解决教养难题，获得育人观念的转变，回归家庭教养生活。“周末帮帮团”把不同家庭间的活动化零为整，形式和时间更为灵活，加强了儿童间、亲子间、家校间以及家庭与家庭间的交流沟通，拓宽了家庭教育的内容与方法，促进儿童健康和谐地发展。

3. 提高教师育人素养，健全协同机制

“周末帮帮团”的规范运作离不开教育工作者的专业指导，以家庭教育骨干教师、班主任为主要成员的导助团队通过内容指导、过程指导、评价指导介入“周末帮帮团”的活动，起到承上启下的作用。在这个过程中，不仅教师自身教育观念能得到转变，其指导家庭教育的水平也会得到提高。家长的支持、理解、信任能够激发教师的工作热情，让教师以包容的态度面对平时忙碌的家长，形成正确的共育理念。

4. 完善家校社共育体系，拓宽共育空间

“周末帮帮团”为家长和孩子共同活动提供了机会，也为部分由于工作无法“带娃”的家长提供了行之有效的托管平台。为保证“周末帮帮团”的有序运作，“父母值日生”“教师指导员”“邻里志愿者”三支队伍相互配合，共同建构活动。这三支队伍跨越了教育与被教育的角色，彼此互为主体，所营造出的常态化、多元化的活动，使得家校社经验交流更便捷、组织形式更灵活、教育特色更鲜明。人人都是教育者，不同群体在共同合作中抓住了教育契机、提升了教育水平、形成了教育合力。

三、“周末帮帮团”的实践操作

《中华人民共和国家庭教育促进法》在总则中明确指出“家庭教育，是指父母或者其他监护人为促进未成年人全面健康成长，对其实施的道德品质、身体素质、生活技能、文化修养、行为习惯等方面的培育、引导和影响”。目标的达成需要借助一定的内容载体，基于此开发的学业互助团、素养拓展团和实践成长团等三大实施载体，为“周末帮帮团”开展亲子陪伴活动提供内容支撑。这也让亲子共学的形式不仅限于静态知识的学习和传递，不仅限于辅导和监督孩子写作业，还拓展到动态的、交互的、娱乐的、感性的活动，从而提升亲子关系质量，促进孩子的全面发展。

1. 学业互助团：实现自主学习

为了满足不同的学习需求，学业互助团主要采用“自习室”“答疑圈”“读书会”三种形式来助力孩子的学业成长。“自习室”是孩子在家长的陪伴下进行的自主学习活动，由团队内一位家长在家里或适合学习的场所组织，孩子自主完成作业、进行检查与错题整理，家长对作业进度、学习过程进行适当管理。“答疑圈”指孩子之间开展的答疑解惑的互助学习活动，孩子合作探讨独立作业时产生的问题和遇到的难题，通过互助仍无法解决的待返校后再请教老师，其间，家长不参与学习内容的具体指导，只进行观察、引导，并及时给予鼓励。“读书会”是孩子在家长的带领下进行的集体阅读交流分享活动，一般情况下可分为四种类型：沉浸式阅读，营造静心读书的氛围；交流式阅读，分享独特的阅读感悟；推荐式阅读，亲子轮流担任导读员，推荐优秀读物；创新式阅读，通过朗读、接读、演读等形式，增强阅读的趣味性。

案例 7-3-1　周六读书会

“周六读书会”每期会邀请一位家庭教育导师参加，围绕不同主题带领亲子开展阅读。家长通过上城区“星级家长执照”平台进行网络报名，先到先得，满额即止。在“周六读书会”活动中，报名成功的家长会和孩子一同参加当日的阅读活动。阅读的方式丰富有趣，有家长带领孩子的沉浸式阅读，也有家庭教育导师带领亲子的表演性阅读，还有孩子带领家长的体验性阅读，等等。从不同的身份、不同的视角、不同的家庭教育故事入手，对书籍进行阅读和分享。大家通过齐读、接读、演读等多种形式参与其中，大大地增强了亲子阅读的趣味性。

（杭州市时代小学）

家庭教育的质量将直接影响孩子的成长，家长科学有效的陪伴是提升家庭教育质量的关键。亲子阅读无疑是家庭教育中最能实现高质量陪伴和有效沟通的方式之一。杭州市时代小学用“周六读书会”的形式为家长和孩子提供了一个共同阅读、学习、交流的平台，这不仅是提升家长教育意识和素质的有效途径，也为孩子创造了美妙的亲子相伴时光。

2. 素养拓展团：促进全面发展

与学业互助团相比，学校在素养拓展团当中需要发挥更多的引领作用。学校应设计多种拓展性的活动，为“周末帮帮团”提供助力，让孩子在课外以小组合作的形式将课内所学的知识进行实践、应用。主要类型如表 7-3-1 所示。

表 7-3-1　素养拓展团系列活动

活动名称	活动内容	活动目的
亲子实验室	生命小实验	走进神秘的生命世界
	化学小实验	感受奇妙的化学变化
	物理小实验	探索身边的物理现象
	创客小实验	解锁有趣的创客空间

续表

活动名称	活动内容	活动目的
亲子运动会	体能锻炼	锻炼身体素质，提升体能
	趣味竞赛	掌握体育技能，保护视力
	益智游戏	发展逻辑思维，提高专注力
亲子劳作坊	低段以清洁、整理、收纳为主	提升劳动技能，养成劳动习惯，培养劳动意识，发展劳动精神
	中高段以烹饪、编织、缝纫为主	
亲子艺术节	观电影、看戏剧、赏艺展、学非遗、创作品	经历艺术之旅，感受艺术之趣

通过亲子实验室，学校科学组可以每学期向各年级推送若干个家庭实验项目并附操作攻略。

借助亲子运动会，学校体育组可以根据《国家学生体质健康标准》，结合学生的身心特点和兴趣爱好，为“周末帮帮团”量身定制体能锻炼、趣味竞赛、益智游戏三大类活动。

借助亲子劳作坊，学校可以将校内劳动课程与家庭劳动实践相结合，提倡每月过一次“家庭劳动日”，并为不同年龄阶段的孩子推送不同的家庭劳动小任务。孩子通过“劳动手账”“劳动日记”图文并茂地记录自己的劳动经历，展示劳动技能的发展。

在亲子艺术节活动中，学校艺术组可以为家长和学生提供丰富多彩的艺术活动锦囊，涵盖观电影、看戏剧、赏艺展、学非遗、创作品等。不同年龄阶段分别以“四季之美”“家乡之味”“节日之乐”等为主题，开展绘画、手工、歌舞、曲艺等活动，让家长和孩子共同经历艺术之旅，感受艺术之趣。

案例 7-3-2 亲子陪伴更有趣

家长在了解孩子需求的基础上尝试一些活动内容，如运动游戏的创编、孝敬故事展演、节奏拍拍乐、家务洗刷刷等，学校将这些活动项目录制成视频，并以年级为单位进行创意评比。同时，学校倡导家长与孩子合作，将卫生习惯、防疫知识等通过节奏创编、歌词改编等方式与学过的歌曲进行结合。朗朗上口的歌谣，有节奏的律动，让亲子陪伴更有趣味性。

（杭州市回族穆兴小学）

家庭是教育的起点。学校在组织家长开展陪伴活动时，应支持鼓励班主任、任课教师与家长保持密切的联系，通过情境创设、活动指导、体验参与这三个步骤，指导亲子活动的开展。多种方法的使用，能促使家长与孩子间实现亲密的交流与互动，在给孩子传递积极的情感态度的同时，也让家长在互动中感受到家庭的温暖，最终帮助家长形成完备的家庭教育知识体系。

3. 实践成长团：践行社会责任

学校和家长充分挖掘周边的社会资源，以校园为圆心、以 1 千米为半径划定范围，对范围内的活动场馆进行梳理和重构，围绕文化浸润、生活技能、职业体验、公益服务四大主题，将原本零散、单一的活动资源编织成一张功能聚焦、载体多元的育人网图，引导学生认识社会、亲近社会、服务社会，内化社会责任和家国情怀。学校和家长应充分发挥全区已有的“行走德育”“淘活动”等特色品牌，发挥这些场馆资源和平台资源的作用。比如，采用“走桥读故事”的形式，亲子共同行走杭城，在地域特色的文化脉络里体验行走，在“玩”的过程中收获成长，让社会成为学生“学”与“玩”的大课堂（见表 7-3-2）。

表 7-3-2 实践成长团“走桥读故事”系列活动

年级	走桥读故事	
	春	秋
一	绕西泠桥，了解西湖名人	行走断桥，读西湖民间故事
二	游苏堤六桥，读宋代杭州诗词	游杨堤六桥，读西湖古代传说

续表

年级	走桥读故事	
	春	秋
三	春游锦带桥，感受西湖风荷	觅长桥桂香，解“三绝”谜
四	步行斗富桥，读建桥故事	走访拱宸桥，看老运河市井
五	走访广济桥，解读杭州变迁	走钱塘江大桥，了解建杭功臣
六	游跨湖桥遗址，读千年文明	行跨海大桥，看国际杭州足迹

案例 7-3-3 创意坊

杭州市百合花幼儿园以“乐意、创意、活意”为核心理念，在周末开展创意坊游戏活动。家长自发组织幼儿参与一些创意坊游戏活动，如制作虎头帽、去南宋官窑参观泥塑作品、去运河广场参观扎染的制作过程以及作品等，将创意坊游戏的教育场地从幼儿园延伸到家庭、社会，拓展了游戏内容的广度与深度。

（杭州市百合花幼儿园）

杭州市百合花幼儿园通过创意坊“家长联盟”传递幼儿园教育的理念和原则，每学期以邀请函的形式邀请家长参与创意坊。每一次“家长联盟”召开前，教师会与家长共同商讨、选择活动主题，如木工坊活动可以是制作一种交通工具，泥塑坊活动可以是塑造一栋建筑等。“家长联盟”在大背景下开展小主题活动，这样更具针对性、更符合幼儿的需求。在活动设计和开展过程中，教师会适时适度地为家长提供专业的指导和帮助，提前备课，协助家长解决问题和完善活动设计，分析解读幼儿的心理，把握好教育的尺度。

四、“周末帮帮团”的实践成效

与“五星俱乐部”不同，“周末帮帮团”以家长合作、家校合力的方式解决了一部分家长没有时间、没有能力陪伴孩子的问题。“周末帮帮团”实现了亲子陪伴的“共富”，让一部分有条件、有意愿的家长辐射力量，让更多孩子受益；“周末帮帮团”使得学校教师的专业力量能够与家长的力量相融合，全面提升孩子的素养；“周末帮帮团”还能帮助家长的素养得到更大的提升。

1. 融合学科设计活动，儿童素养得到发展

“双减”政策的落地，让家长对“双减”政策之后孩子周末该做什么有了更清晰的思考：在亲近自然、感受艺术、探索科学的过程中，全面提升孩子的综合素养，努力让自然、艺术、科学成为孩子一生的珍藏。由此，如何真正提升“双减”后的“周末育人功能”，对家庭教育指导提出了更高的要求。“周末帮帮团”自成立以来，在活动设计上融合了学科特质，让富有理性的实践活动为孩子的发展助力，不仅使亲子陪伴的时间、空间得到保障，也使学生的闲暇生活得到丰富、综合素养得到发展。通过家庭互助共享，每个家庭都可以实现孩子周末“有人陪、有人管，学得好、玩得好”的目标。在学生问卷和家长访谈中，“周末帮帮团”普遍得到正向评价。

2. 整合功能推进建设，家长能力得到提升

通过“周末帮帮团”家庭互助共同体的建设，家长进一步明确了陪伴角色，强化了陪伴意识，树立了“家长是孩子成长第一导师”的理念。调查数据显示，家长普遍认为自己的家庭教育理念和家庭教育能力得到提升，对“周末帮帮团”的满意率高达99.68%。许多家长在各级各类会议中进行了“周末帮帮团”建设的经验交流。学校还可以采用沙龙形式，邀请家长代表分享“星级家长执照”课程学习体会以及孩子成长案例，以分享代替说教，以家长指导家

长，实现个体辅导的即时性和精准性。

为不断完善“周末帮帮团”的家庭教育指导体系，提升家庭教育的陪伴品质，为家长构建一个“成长—反思—成长”的闭环，各学校还充分整合“星级家长执照”课程与学校家庭教育指导功能，通过推进“书院成长码”可视化监控、“最美家长”评比等举措，让主动学习成为家长的一种习惯，提升其自身胜任力。

3. 多方宣传多元实践，家校社合力逐渐形成

“周末帮帮团”家庭互助共同体通过亲子陪伴新生态的培育，使学校、家庭、社会统一了对“双减”的认识，形成“1+1+1>3”的家校社合力，有效促进全社会共同拥护“双减”、共同落实“双减”良好氛围的形成。“学习强国”平台等媒体对“周末帮帮团”经验进行宣传推广。社会各界的肯定与支持，进一步增强了学校以家庭互助体共同建设为着力点、提升亲子陪伴质量、将“双减”落到实处的信心。

“周末帮帮团”以学校教育为中心点，基于“提升综合素养”开设“同伴互助”“毅行健身”“公益践行”等活动，秉持“立德树人”的原则加强学校育人建设；指导家庭教育，定期开展家长主题讲座、家长读书会、家庭访谈与辅导，构建家校“互助线”；通过教师、家长、学生等志愿者进社区，扩大社区实践辐射面，传递社会正能量。“点线面相结合，家校社共育人”，协同推进孩子综合素养的发展。

家庭既是孩子的第一所学校，也是其终身学习之地。近年来，全社会越来越重视家庭教育，而作为家庭教育主要承担者的家长，要担负起相应的责任，成为有实践智慧的家庭教育者。近年来，上城区的家庭教育实践以科学的家庭教育理念和切实可行的教育方式赢得到了家长、学校、社会的好评，有效地转变了区域内家庭教育观念，提升了家庭教育质量，营造了良好的家庭教育氛围，为助力孩子健康成长、助推家庭幸福美满作出了重要贡献。

参考文献

［1］中国教育新闻网.《全国家庭教育状况调查报告(2018)》权威发布［EB/OL］.(2018-09-27)［2022-11-03］.http://www.jyb.cn/zcg/xwy/wzxw/201809/W020180927730230778351.pdf.

［2］［美］马尔科姆·诺尔斯.现代成人教育实践［M］.廉延梓,译.北京:人民教育出版社,1989.

［3］EPSTEIN J L.School, Family, Community Partnerships: Caring for the children we share［J］. Phi Delta Kappan,1995(92):701-712.

［4］张笑予,祁占勇,穆敏娟.新时代家长学校治理的价值意蕴与实践逻辑［J］.当代教育科学,2021(10):58-67.

［5］唐汉卫.交叠影响阈理论对我国中小学协同育人的启示［J］.山东师范大学学报(人文社会科学版),2019,64(4):102-110.

［6］李盼.小学家长学校的组织运行研究［D］.上海:上海师范大学,2021.

［7］唐敏.基于微信公众平台的家长学习资源开发及应用研究［D］.南充:西华师范大学,2021.

［8］上城教育.每周一天家庭日 上城教育发起倡议,陪伴孩子快乐成长［EB/OL］.(2021-03-11)［2022-11-03］.https://mp.weixin.qq.com/s/y5Phypi8-PJYawjEmzIOYw.

［9］上城教育.每周一天家庭日 上城经验在全市推进家庭家教家风建设座谈会上推广［EB/OL］.(2021-05-21)［2022-11-03］.https://mp.weixin.qq.com/s/nWspNHL3F_EtGYV-cg8sxw.

［10］王振宇.儿童心理发展理论［M］.上海:华东师范大学出版社,2000.

［11］中华人民共和国家庭教育促进法［M］.北京:人民出版社,2021.

［12］飞鹤,艾瑞咨询.中国亲子陪伴质量研究报告2019年［C］.艾瑞咨询系列研究报告,2019(5).

［13］赵宏玉.亲子共学:最大程度发挥家庭教育功能［J］.中小学心理健康教育,2020(32):70-72.

［14］茅铭芝.家庭培育模式对人力资本形成的影响研究［D］.杭州:浙江大学,2020.

［15］李佳丽,薛海平.父母参与、课外补习和中学生学业成绩［J］.教育发展研

究,2019,39(2):15–22.

［16］朱娅婷.亲子共育小组建构与实践的个案研究［D］.金华：浙江师范大学,2017.

第八章
面向未来的上城展望

民呼所为，我应所教。“星级家长执照”通过创建一个平台、实施一个项目的方式解决了家长的学习困境，打破了家长教育的壁垒，实现了家校社深度协同，形成了家长学习的上城模式。平台实现赋能家长、助力家校、辐射社会的效能，形成区域教育治理新格局，构筑上城家庭教育新生态。

洞察时代，育见未来。“星级家长执照”把握时代脉搏，创新数字环境下家校社协同育人新模式，探索特色未来社区家庭教育应用场景，实施“三代塾”亲子共学工程，支持万物互联下的家长终身学习。“星级家长执照”将继续关注智慧家庭教育，优化教育生态、面向美好未来。

第一节
研究成效：智慧家教新生态

⊙

家庭教育是一个生态系统，需要以社会治理的视角审视生态各要素的建设和要素之间的整合协同，来解决家庭教育中存在的问题。“星级家长执照”致力于构建家庭、学校、社会协同共建的家庭教育新生态，促进智慧家庭教育新发展。截至 2022 年 5 月 30 日，“星级家长执照”平台注册家长 210613 人，颁发“星级家长执照”83759 张。平台有线上课程 1649 个，学习 5134217 人次；线下课程 7044 个，学习 565888 人次；在线测试 669967 人次。平台助推了家庭教育生态系统优化、提升了家庭教育生态专业化水平、形成了家庭教育生态系统化网络。

一、赋能家长，助推家庭教育生态系统优化

父母是孩子的第一任老师，也是家庭教育生态系统的重要组成元素。“星级家长执照”平台点亮家长成长之路，以提升家庭教育生态系统中的父母育

人能力为动力，以家长理念更新和能力提升为重点，赋能上城家长，助推家长成长，助力区域家长学习生态的创新发展。星光不负赶路人，“星级家长执照”平台促进上城家长从自然型家长向成长型家长、智慧型家长转变。

1. 实现家长能力提升、理念更新，成就成长型家长

为了把最好的给孩子，上城家长一直努力成为更好的自己，树立终身学习意识、不断修炼自我。“家长好好学习、孩子天天向上”的理念已被家长们广泛认可，并将其作为不懈追求的目标。“星级家长执照”通过平台与机制建设，从根本上扩大了家长学习的时间与空间，保障了家长学习的权利，实现了优质家庭教育资源的开放与共享，提升了家长的家庭教育能力和素养，更新了家长的教育方法和理念，使更多家长走上专业成长之路。

为了解“星级家长执照”平台的使用情况及家长对其服务质量的满意度，平台特邀华东师范大学吴遵民教授工作团队对“星级家长执照”项目实施专项调研。本次专项调研结果显示，92% 以上的家长认为，通过在“星级家长执照”平台的学习，对家庭教育重要性的认识提高了，学习动力、学习能力等方面不断提升，焦虑情绪得到缓解。从家长育儿能力提升效果统计结果（见表 8-1-1，“1”表示“帮助极大”、“4”表示“没有帮助”）可知，育儿理念、育儿知识、育儿行为等三个方面的平均值分别为 1.80、1.82、1.84，“星级家长执照”对育儿理念、育儿知识和育儿行为的提升均起到了重要的推动作用。

表 8-1-1　家长育儿能力提升效果统计结果（N=793）

项目	最小值（M）	最大值（X）	平均值（E）	标准偏差
理念上，对您育儿理念更新和进步是否有帮助？	1	4	1.80	0.684
知识上，对您的专业性育儿知识和技能的获得是否有帮助？	1	4	1.82	0.703
行为上，对您在生活中实践育儿方式是否有帮助？	1	4	1.84	0.710

北京师范大学开展了一项针对区域内家庭教育进行的追踪调查，为期十年，其结果表明，区域内家长家庭教育的理念、方法、成效整体上有了明显提升，学生的亲子关系满意度、亲子亲密性、工具性支持、价值肯定、亲子陪伴等指标上升，烦恼、冲突等指标下降……“星级家长执照”有效营造了区域内家长主动学习、专业成长的氛围，推进了区域家长专业成长新生态。

2. 促进家庭教育模式创新、方法改进，精进智慧型家长

“星级家长执照”平台线上学习与线下培训相结合的方式，不仅给了家长更多实操性、情景化的学习机会，而且还在很大程度上为家长和孩子交流与互动创造了条件。在“星级家长执照”平台的使用效果方面，大多数家长认为平台的实用性与便捷度较高，且平台所提供的课程比较完整和系统，调查结果表明家长的参与度较高。家长普遍认为“星级家长执照”工程提升了自身科学育儿的实战能力。

平台深入区域内各中小学、幼儿园展开调研，得到一个普遍性反馈：家校沟通比以往更顺畅了，家长对孩子教育问题的焦虑没有以前那么明显，其育儿观念也有了很大变化——学会了比较全面地关注孩子的个性、兴趣爱好和各阶段较为明显的能力变化等；认识到了要根据孩子的现有水平，提出小步发展的要求，并及时给予鼓励和肯定；初步掌握了顺其成长、适性教育的理念。

“星级家长执照”以家长在家庭教育中碰到的实际困境为出发点，围绕上城好家长核心素养，联合线上、线下模式建立了“五阶段·十问题”课程体系。每个阶段提取家长最为关注的十个问题，为家长排忧解难、精准指导，实现问题导向和需求导向的协调统一，促进家长持续学习，形成智慧家庭教育新生态。

“星级家长执照”工程阶段性调研回访结果表明，92% 以上的家长认为，“星级家长执照”既保障了教育服务的公平性与公益性，也满足了教育服务多样化与优质性需求，通过线上学习和线下培训，家长在教育理念、教育方法、教育能力等方面都获得了提升。

许多家长表示平台的内容通俗实用、短小精悍，很多课程源于名师、名校长、专家，学习以后感觉受益良多。如“如何做一名好家长”课程，家长学习后纷纷表示“原本认为自己已经是一名好家长了，学习以后，才知道好家长的真正标准是什么”“从中学到了很多教育理念、方式方法，受益匪浅”。

二、助力学校，提升家庭教育生态专业化水平

家校关系、家社关系、校社关系等子系统构成的中间系统，影响着家庭教育生态系统的平衡。学校作为其中重要的子系统，担负着构建家庭教育新生态的重要使命。“星级家长执照”从诞生到成熟，再到推广，影响着学校家庭教育的发展方向。学校从了解平台，到共享共建，再到从中获益，有力促进家校合作、整合社会资源，积极助力优化家庭教育指导服务的内容和质量、提升家庭教育生态专业化水平。

1. 达成数字家长学校全覆盖，实现区域指导能力新突破

学校是开展家庭教育指导服务工作的中坚力量，也是家庭教育水平提升的受益者。“星级家长执照”平台致力于提供公益普惠的家庭教育资源，提升学校家庭教育指导能力和水平。借助平台，上城区实现浙江省数字家长学校全覆盖。全区 202 所学校通过“星级家长执照”平台，完成数字家长学校的创建和应用。全区现有 202 位“星级家长执照”平台管理员和 11 位阶段管理员。平台以专业性、系统性、选择性的课程和联动家校政社四方力量的纽带作用，为学校构建家庭教育指导体系提供支持和助力。

上城区各学校以“立德树人”为根本任务，以未成年人的健康成长为导向，以为家长优化家庭教育赋能为己任，以加强家长学校建设为抓手，借助“星级家长执照”平台，开展讲座沙龙、亲子活动、团辅个辅等多种形式的线下课程。截至 2022 年 5 月 30 日，已开设线下课程 7044 节。学校还以平台为抓手，开展校社结对，促进社区教育资源对学校教育的支持。同时，区域内有 14 所试点学校与所在社区组建家庭教育联盟，共同开展线下家庭教育指导，不断激活

家校社共育的强大“磁场”。学校通过线下课程及活动，强化了与家长、社会的协作，激励“学校—年级—班级”三级家委会履行职责，畅通家校联系渠道，形成科学立体的学校家庭教育指导服务新模式。通过“星级家长执照”用户增长与平台线下课程开设增长的对比（见图 8-1-1），可以看到两条曲线走势相仿，线下课程开设基本满足了家长线下学习的需求。

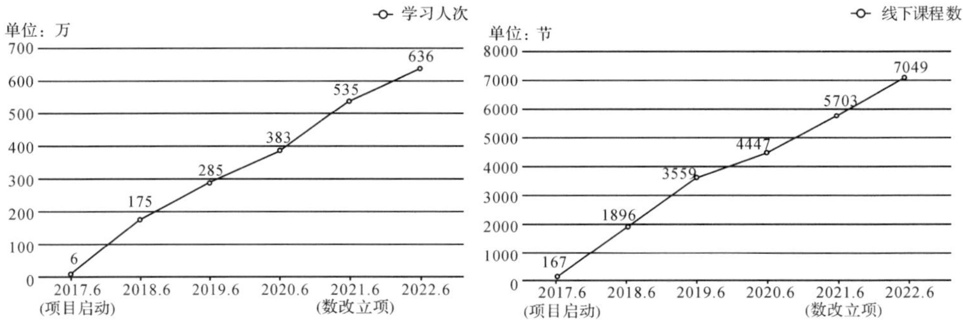

图 8-1-1 “星级家长执照”用户增长与平台线下课程开设增长对比图

“星级家长执照”平台线上学习内容包含家庭教育指导、家校沟通、亲子交流、传统文化体验、营养保健、心理健康等，丰富多彩。家长通过学习提升自身的认知能力、沟通能力、情感能力、执行能力和管理能力。这些课程也为家长学校的建设提供重要资源支持，学校在共建共享的过程中深刻理解了家庭教育不是给学校教育增加负担，而是通过为家长优化家庭教育赋能为学校教育解压。在新冠疫情防控期间，平台开设“众志成城，抗击疫情——上城亲子在行动”专栏，新增 100 余个有关心理调适、亲子互动的课程，点击超过 3.5 万人次，为学校教育提供助力。在“双减”持续推进、学校压力倍增的情况下，“星级家长执照”平台针对学校落实“双减”政策中的难点、痛点、堵点积极作为，向全区各中小学、幼儿园开展“双减”微课、案例征集活动，以评促建、以评促改，共收到来自 100 多所学校的 433 件作品，包括微课 225 节、案例 208 个，共评选出 209 件获奖作品。通过微课制作、案例撰写，家长和教师加深了对“双减”政策的理解和认识，从观念上扫除“双减”障碍；同时，平台增设上百节“双减”线下课程和若干“人文行走”“每周家庭日”的活动，从实践上助推“双减”实施；平台还邀请家庭教育专家为家长带来“双减”相关内容的直播，帮助家长纾解焦虑，改进家庭教育的方式方法。平台通过一系列的行动助力学校和家长应对“双减”挑战。

2. 促进教师专业新成长，实现教师指导能力新提升

家长教育是家庭教育的重大课题之一，教师具有特殊的角色定位、能力优势，应在开展家庭教育指导中勇担重任、有所作为。鉴于家庭教育具有泛在性、随机性、生活性和默示性的特点，教师在教育教学领域的经验不能直接作用于家庭教育指导，需要不断提升自身家庭教育指导的专业能力，确保指导服务的科学性、专业性。“星级家长执照”平台以丰富的课程、协同的力量、专业的指导为广大教师赋能，为家校合育助力。

通过调研，区域内教师通过在“星级家长执照”平台的学习，找准家庭教育的家校配合点，不断赢得家长的信任与支持，最终同心协力，保障孩子在多方教育合力下全面、和谐地发展。教师在家庭教育指导方面的应变力、胜任力得到了提升，形成了一支高素质、有家庭教育指导特长的师资队伍。许多教师感叹以前面对家长提出的各种问题常措手不及，现在有了“星级家长执照”平台，与家长沟通时遇到疑惑、困难，随时可以上平台学习，在“家教悦读”中搜索相关文献资料，在“成长锦囊”“为师有约”中寻求专家指导，还可以聆听“父母故事”，从中汲取优秀育儿经验，对提升自身家庭教育指导能力有很大帮助。也有教师感触颇深：“在参与‘星级家长执照’平台课程研发的过程中，我对家庭教育指导有了更高位的思考和更深刻的理解，摒弃了陈旧观念和老派做法，在利用平台帮助家长的同时也促进了自己的蜕变与发展。”

为不断提升“星级家长执照”工程的实效性，促进家长学校的家庭教育指导能力，“星级家长执照”平台开展了上城区家庭教育指导师资培训。通过培训，教师能把握政策法律及家庭教育理论知识，依法依规进行专业的家庭教育指导；能掌握家庭教育指导实操方法，在不同情景下对不同类型的家长进行有效指导，形成新时代教师的德育新智慧；能掌握家校社共育理论及实践能

力，让教师成为家校共育的智慧桥梁。家庭教育指导师资培训每年两期，上半年一期、下半年一期，预期四年内完成规定人数培训、做到培训对象全覆盖。平台启动了 2022 年第一批 1540 名教师的家庭教育指导培训，“星级家长执照”工程在不断提升教师家庭教育指导专业水平上继续前行。

三、辐射社会，形成家庭教育生态系统化网络

家庭教育内部各子系统相互作用、相互影响，形成有机的生态系统。苏霍姆林斯基曾形象地把儿童比作一块大理石，要将其塑造成一座雕像需要六位“雕塑家”，分别为家庭、学校、儿童所在的集体、儿童本人、书籍、偶然出现的因素。“星级家长执照”充当了组织者，聚合“雕塑家”们，改变了教育条块分割、分而治之的状况，构建整体性的大教育格局，继而将成果辐射到区域内外，形成系统化的家庭教育生态网络。

1.“汇心护航”落地生根，家庭教育生态日新月异

从“星级家长执照”平台到“汇心护航”工程，可谓一脉相承，水到渠成。正是因为“星级家长执照”平台强大的聚合作用，家校政社协同育人理念逐渐在区域内形成共识。在此基础上，区政府开启上城区家庭教育“汇心护航”工程，联动整合区各部委办局力量，构建立体化区域家庭教育指导服务体系，成为“星级家长执照”平台延伸发展的应有之举。

“星级家长执照”平台通过扩容迭代，实现了区家长学校总校职责和区社区家庭教育指导服务中心功能的集成优化，在管理机制上形成“汇心护航家庭教育工作组—区社区家庭教育指导中心—社区、学校家庭教育指导站”的管理体系，并建立联席会议机制和专人对接机制，从工作制度、机制上确保“汇心护航”工程落地生根。在原上城区、江干区合并成立新上城区后，全区“星级家长执照”平台迎来井喷式的发展。与此同时，“星级家长执照”平台获评浙江省教育领域数字化改革第一批创新试点项目，成功接入“数智上城”门

户和“浙政钉”，积极对接“浙里办”，成为杭州市优秀应用门户。

2022年伊始，“星级家长执照”平台开启“一周一案、一月一汇、一季一评、一年一节”的“四个一”行动，全面落实“汇心护航”工作。“一周一案”即每周通过“星级家长执照”平台和“微学通”平台向全区家长推送一个鲜活的案例，给予家长实用的育儿指导，其中的21期“益家有方”育儿案例总点击量达14347人次。“一月一汇”即每月汇聚区教育局、区妇联、区关工委等部门资源，按月轮值策划和主推家庭教育区域活动，其中的三次评比直播观看总人数达10.2万。“一季一评”推出的“春生”和“夏长”两季评比共评选出“双减”主题微课100余节，优秀家长101位，优秀案例150余个。后续将推出“秋收”和“冬展”评比，评选优秀论文、优秀工作者及优秀工作单位等。“一年一节”即每年于国际家庭日所在的一周开展家庭教育宣传活动周系列活动，取得良好的宣传效应：2022年区首届家庭教育宣传活动周开幕式直播吸引了5.4万人观看，获得点赞30.6万人次，人民网、中国教育在线、杭州日报、杭州教育等多家媒体对开幕式进行了报道；活动周期间共收到来自100多所学校的120余场活动，并评选出来自杭州天地实验小学、杭州市丁荷小学等10所学校的10项精彩活动。通过落实“汇心护航”工程，区域家庭教育生态日新月异，渐入佳境。

2. 平台建设卓有成效，辐射范围不断扩大

作为创新家长教育的上城样本，“星级家长执照”备受关注。“星级家长执照”工程自启动以来，一石激起千层浪，人民日报、中新网、央视网、新华社等国家媒体，浙江卫视、钱江晚报、山东日报、湖北日报、新渝报、杭州日报等省市媒体第一时间进行了报道。其中钱江晚报、杭州日报进行了3次“星级家长执照”专版报道。诸多高关注度的微博用户纷纷点赞“星级家长执照”工程并给予高度评价。媒体普遍认为，上城区这一举措为系统化家庭教育指导体系的构建提供了有益的经验。

“星级家长执照”的社会影响力不断扩大，联合国教科文组织终身教育研

究院、教育部基础教育司、河北省人大、浙江省妇联等 50 余个团队前来专项调研、考察、学习。

此外,“星级家长执照”的影响辐射全国,除杭州市上城区外全国各地有 1.6 万余人在平台注册学习。平台在浙江省杭州市钱塘区河庄街道、湖北省恩施土家族苗族自治州鹤峰县、贵州省黔东南苗族侗族自治州雷山县进行了重点推广,建立了成果分享的“长三角家庭教育终身学习共同体”,真正实现成果辐射、资源共享、平台共用,最大程度地发挥了平台推广与应用的作用与意义。

“星级家长执照”曾先后获评全国教育改革创新特别奖、浙江省妇女儿童发展“十三五”规划示范项目、浙江省成人教育品牌项目、全国“特别受百姓喜爱的终身学习品牌项目”、全国社区教育“互联网 +”优秀项目、全国家庭教育创新实践基地等荣誉。2021 年 6 月,“星级家长执照”入选浙江省教育领域数字化改革第一批创新试点项目。围绕“家庭教育”领域核心业务,“星级家长执照”平台系统地设计教育治理数字化场景,打造跨层级、跨区域、跨系统、跨部门、跨业务的典型应用,为教育数字化应用注入发展动力。

从合法家长走向合格家长,进一步走向优秀家长,正在成为上城家长的共识,“星级家长执照”将在这一过程中不断实践、探索与完善,任重而道远。

3. 精神共富家教先行,社会治理不断推新

十九届四中全会强调构建基层社会治理新格局,并明确提出注重发挥家庭、家教、家风在基层社会治理中的重要作用,将家庭、家教、家风纳入基层社会治理体系中,这是中国特色社会主义新时代家国共建思想的具体体现和创新实践,是对家庭、家教、家风工作的新要求和新布局。“星级家长执照”平台始终坚持公益属性,统筹开发社会学习资源,促进学习资源开放共享,为区域内家长提供优质家庭教育指导服务,从根本上实践与推动教育公平,助推教育治理和社会治理。

“星级家长执照”平台为区域内外的家长提供了公益普惠、科学系统的线

上、线下学习内容。“星级家长执照”平台开辟“人文行走”专线，开发线下学习点，升级“淘活动”平台，融入未来社区教育场景打造……通过一系列线上、线下的课程和活动，促进教育资源的持续共建共享，促进区域精神共富。同时，“星级家长执照”平台秉持“家长即资源”的理念，汇聚家长力量，建设线上、线下家长课程，促使更多家庭实现经验交流、资源共享，使家长成为“星级家长执照”优质课程的重要提供者；成立了“五星俱乐部”，凝聚优质家长资源，为上城乃至更多地区的家长开拓家庭教育学习新路径；实施家长学校校长轮值制，星级家长轮流担任街道、社区、学校各级家长学校的校长，在家庭教育中承担更大责任、实现更多参与，推动教育治理新格局。

“星级家长执照”工程以家长在家庭教育中碰到的实际困境为出发点，以社区作为连接家庭和学校的桥梁，突破了以往不同类型教育、不同所属机构、不同行政部门之间存在的根深蒂固的阻隔与壁垒，通过创建一个平台、实施一个项目的方式实现各类教育资源之间的有序连接、有效融合；这不仅在构建普惠型家庭教育指导服务体系中取得了创造性、突破性的成果，在家庭、学校和社区“三教合力”的建设中发挥了重要的推进作用，同时还在《中国教育现代化 2035》确立的“服务全民终身学习教育体系的构建”目标的达成中做出了极具借鉴价值和推广意义的探索性贡献。简而言之，“星级家长执照”为解决国家层面高质量地构建服务全民终身学习教育体系的过程中所面临的教育资源阻隔、教育力量分散等问题，进行了一个极具创新性的区域性先行尝试，通过实践探索为政策及理论上的难题破解献计献策，递交了一份可供参考的重要答卷。

千里之行，始于足下。“星级家长执照”以家长教育为重点，通过赋能上城家长，助推家庭教育生态系统优化，构建和谐亲子关系；通过助力家校合作，提升家庭教育生态专业化水平，促进学校构建立体科学的家庭教育指导服务体系；通过成果辐射，形成家庭教育生态系统网络，实现家庭教育指导的精神共富，有力推动了区域家庭教育指导服务新格局的形成。

第二节
展望未来：协同育人高品质

⊙

长期以来“学校大包大揽”“家庭辅助学校教育”的惯性思维使得人们普遍认为学生教育应由学校全权负责，家长只需被动地配合学校。而社区教育相较于学校教育、家庭教育，在中小学学生教育问题解决上效能发挥更加有限，常常游离于“家校”教育团体之外，难以真正融入家校社协同育人模式中。随着《中华人民共和国家庭教育促进法》颁布实施，上城教育顺势而为，坚定秉持“痛点就是需求点、难点就是突破点、堵点就是创新点”的理念，进一步围绕“家庭教育”这一领域的核心业务，创新融合家校社育人，系统设计“星级家长执照”工程，不断探索协同育人的新模式，促进区域家庭教育良性生态发展。

一、信息技术支撑“家校社”教育联盟

家校社协同育人应是一种从工具理性向实践理性蜕变的合作。这里的实践

理性，指的是在科学把握学校、家庭、社会“功能差异”和“功能互补”的前提下，实现育人功能的重新融合。

我国教育工作者对家校社协同育人的研究与探索已长达数十年，家长、教师等的协同育人意识不断提升。家长会、校园开放日等育人实践活动成为家校沟通的重要渠道，家长委员会、家长学校成为家校沟通的核心组织。社区教育需寻找有效参与育人活动的途径，与家庭、学校实现信息共享、协同共育。

受限于家庭、学校、社会等主体育人观念差异、角色关系模糊、交叠影响不足，协同育人模式难以充分发挥其作用。家庭、学校、社会对于教育的内涵、作用、价值等持有不同立场，教育目标难以协调统一，这将导致协同育人难以落到实处。社区在育人过程中主要体现出协调的功能，大多围绕补充学校教育的欠缺展开，教育目的性不强。

家长既是家庭教育的资源，也是家校社协同育人机制的基础力量。上城区的“星级家长执照”工程巧妙地以家长教育作为切入点，建立家庭教育视角下的家校社协同育人机制。因为家长教育是成人教育、是社会教育，家长学习是终身学习，利用社区教育力量促进家长成长是顺理成章的，经实践证明是行之有效的。

“星级家长执照”平台将全区 200 余所中小学及幼儿园的学生家长的教育纳入数字化管理。2022 年，平台承办单位上城区社区学院挂牌杭州市家长学校上城分校、上城区社区家庭教育指导服务中心，全面统筹指导区域内家长学校工作。

在上城区，依托“星级家长执照”平台等数字化工具，现代技术正在革新传统家长学校，成就上城区家校社协同育人的新基地。社区教育资源通过“星级家长执照”平台打破“家校”二元的协同模型，成为第三元。在“星级家长执照”平台的沟通机制框架下，家庭、学校、社区不再各自为政。在上城区，一个行之有效的家校社协同育人生态系统正在逐步形成，一个数字化的家长学校正在成长成熟，并发挥出越来越大的作用。

二、数字环境下的未来社区教育场景

2021 年 6 月，浙江省教育厅、浙江省发展和改革委员会联合印发了《关于高质量营造未来社区教育场景的实施意见》（后简称《意见》），就高质量营造未来社区教育场景提出意见，将积极构建方式更加灵活、资源更加丰富、学习更加便捷的社区居民学习机制，满足不同人群多样化的学习需求，营造更好的未来社区教育场景。《意见》中全面描绘了未来教育的美好画卷，提出在空间和时间上打造“全方位、全年龄、全时段、全渠道”覆盖的全民终身学习支持体系。上城区积极探索未来社区家庭教育场景，“星级家长执照”平台全面迭代升级，对接省“教育魔方”，融入“浙里办”“浙政钉”。

目前，我国学校教育已经发展形成了从初等到高等的完整体系，而成人教育体系和终身教育体系还存在着诸多问题，发展的规模和质量都未能达到理想水平。随着协同育人理念的推广和未来社区的全面建设，发展社区教育成为学习型社会建设的重要方面，而家长教育培训和家校社协同育人是社区教育发展的重要组成部分，是未来社区中最重要的教育场景之一。

社区能够提供根植于家庭生活、家庭学习的环境和针对家庭生活、子女教育问题的非正式指导，这使得社区教育这种具有独特地域环境的非正式教育组织形式成为开展家长教育培训活动独一无二的选择。而家长教育培训活动，则为协同育人的深入发展提供了适宜的环境，为协同育人的深入开展提供了实质性的帮助。

1.“汇心护航”工程创新共育场景

2021 年 11 月，上城区多部门协同启动实施“汇心护航”工程。上城区成立社区家庭教育指导服务体系标准化建设试点工作领导协调机制，制定《上城区社区（村）家庭教育指导服务体系标准化建设试点工作实施方案》，明确各部门分工，形成党政重视、妇联与教育部门协调推进、多部门共同参与的组织保障体系（其中列出 20 项工作举措，详见链接 8-2-1）。区检察院牵头有关部门成立“关护涉案未成年人家庭教育指导站”“北极星家庭教育指导实践基地”，联合出台《进一步加强少年司法推动未成年人综合保护工作的实施意见》，构建区域立体化家庭教育指导服务体系。

链接 8-2-1
20 项工作举措

坚持家校社协同育人。教育部门、妇联、街道、社区多方共建家庭教育联盟，实施家庭教育指导员制度，推出立体化、全覆盖、可选择的家庭教育指导员线上、线下培训，有效提升家庭教育指导员专业能力；组建家庭教育“帮帮团志愿队”“社区大先生”等组织，推动家长自我管理、自我服务；实施“五共四入”工作法，探索家庭教育活动共办、资源共享、阵地共建、服务共推、力量共促机制，把家庭教育指导服务植入共富基本单元建设，渗入社区文化家园活动，融入未来社区应用场景打造，嵌入“民呼我为”的民生实事项目；结合联合国教文科卫组织的“家校政社融通”项目，在采荷街道青荷苑社区以“晓荷书房”“晓荷淘乐园”为阵地，探索“一组一委一荟”的未来社区家庭教育应用场景。

2. 宋韵“三代塾”工程引领新时代终身学习观

2021 年，杭州市上城区第一届人民代表大会上提出了“以守正创新的精神，奋力打造宋韵文化新高地”的发展愿景。2022 年，上城区依托“星级家长执照”平台实施以家庭“祖父孙”三代共学、同体验为核心的“三代塾”亲子共学工程，汇聚家校政社各方力量，共建一个线上数字观光、文史学习、文创购买、信息查询，线下文化讲坛、亲子共学、文化体验、才艺培训、志愿服务等应用融会贯通的立体交互式智慧平台。

上城区宋韵文化显现出三大特点——自然人文景点荟萃造就的“天人一色”，市民生活的俗和文人墨客的雅汇集形成的“雅俗共赏”，商贩复古气息和商业现代气质相结合的“古今融合”。这三大特点代表着立体、多元、独特的资源优势，上城区依托区域宋韵文化普及与传播集聚地的优势，从精神共富层面构建人文“新乡愁”——建设一所无边界的人文博物馆，勾画一张数字化人文行走地图，倡导“祖父孙”三代共学，打造宋韵生活八雅课程。

上城区“星级家长执照”工程领衔家校政社协同育人，推动家庭教育在体悟宋韵文化的实践中探寻亲子融通的新路径，让宋韵在新时代“流动”起来，并“传承”下去，形成更加温暖、更加有力的家校政社协同育人机制。这样既能为“双减”背景下学生的课外学习提供基于宋韵文化的系统性、一站式的学习基地，还能满足老、中、幼全年龄段不同层次学习者的个性化学习需求，从而营造出良好的家庭学习氛围。

“星级家长执照”上线“人文行走”板块，用数字地图引领“亲子三代共学”，以电子走读地图的形式将数字地图中的人文学习点打造为基于互联网和移动终端实现查询、导航、知识学习、问卷调查和亲子实地走读定位签到等功能的学习模块。“星级家长执照”倡导每周一天家庭日，家长可以陪同孩子进行家务、研学、阅读、锻炼、观展等。

截至 2022 年，“星级家长执照”平台有 23 万名注册家长，通过“祖父孙”三代共学的模型来运转，可以扩展至学习人数近百万的规模，覆盖上城区 70% 以上的常住人口。社会提供优质的学习服务、政府做好审核与督导，这将极大地推动区域内的教育文化发展，同时减轻学校的教学压力，助力“双减”。上城区的孩子可以依托“三代塾”工程，逐步形成“以文化为师，以城市为书，人人都能实践，处处都能学习”的“新时代终身学习观”。

3. 融入“幸福邻里坊”社区共富综合体

服务是最好的治理。“幸福邻里坊”是上城区加快推进现代社区建设的一项创新举措，它是服务居民的“最后一米”。“幸福邻里坊”集党群服务、公共服务、创新治理、教育文化、联结邻里等功能于一身，是广泛动员各方力量共同打造的社区共富综合体，围绕“幸福邻里坊”平台可实现多类型未来社区场景创建。“深化共富基本单元建设、全域打造‘幸福邻里坊’社区共富综合体”

是上城全面建设共同富裕典范城区的首批标志性成果。

“星级家长执照”入驻“幸福邻里坊”，推动关注需求相对特殊的群体和个体，特别是“一老一小”。同时，增强线上可视化场景的统一性和实用性，以大众能用、好用、爱用、管用为导向，将线上、线下充分融合，让“幸福邻里坊”的功能得到最大发挥。

“星级家长执照”补齐了居民“家门口”的服务资源和设施，是打造“幸福邻里坊”的一项重要内容。通过“星级家长执照”等智慧教育场景的建设，上城区全域打造“幸福邻里坊”，致力于让美好生活触手可及。

三、家长教育：专业性的职业训练

家长教育是关系国民素质提高的重要领域之一，是根植于社区教育的民众性教育培训活动。家长教育是属于成人教育的一种组织形式，是面向成年人群体的一种继续教育。这种继续教育的实施将促使我国成人教育以及终身教育体系得到完善。因此，家长教育是实现和构筑全民终身教育体系的一个重要环节。

长期以来，许多人将“家长教育”与“家庭教育”混淆，没有给予家长教育独立地位。家长教育一直被视为一般化的科普教育而不是专业性的职业训练。

家长教育将逐渐脱离家庭教育的研究范畴成为一个全新的研究领域。以杭州市上城区“星级家长执照”平台工作团队为代表的实验团队正在设计编写一系列新的实用性课程，致力于培养一大批专业化人才和师资，造就一个新的行业，开辟一个新的市场，形成政府宏观指导下的产、学、研一体化的家长教育大格局。在不久的将来，家长教育培训活动的资格性及专业性的发展将成为我国终身教育体系中的一个重要组成部分。

1. 专业化和社会化相结合的家长教育培训

以往的家长教育培训的相关工作主要由家长教育方面的热心人士和妇联等机构负责，未来的家长教育培训工作将纳入专业性的教育培训的行列中，大力发展专业性的家长教育培训工作，培养大批专业性的家长教育工作人才，在全社会的范围内发展家庭教育指导师的岗位资格认证制度。

2022 年 6 月 14 日，人社部对 18 个新职业信息进行公示，并拟将这一批新职业信息纳入新版《中华人民共和国职业分类大典》，公示的新职业就包含了“家庭教育指导师”。人社部在本次公示中写道，随着《中华人民共和国家庭教育促进法》的出台实施和“双减”等政策的推行，确立从事家庭教育和研学旅行指导的人员的职业属性、界定职业任务等工作等显然是很有必要的。公示中对家庭教育指导师进行了定义并确定了主要工作任务，这必将促使家长教育在专业化、职业化的道路上迈出一大步。

2. 在全社会的层面上实施家长培训证书制度

家长培训证书制度的实施将有助于对准备做家长的以及已经成为家长的人群开展家长教育培训，使他们具备做好家长的能力，提高中国家长的素质，进而提高国民的整体素质。上城区全国首创的“星级家长执照”就是这个方面的有益的尝试。家长教育的问题不只是家庭内部的私事，它直接关系着中华民族整体素质的提升和国家未来人才的建设。

家长培训会涉及社会生活知识教育、家庭生活知识教育、子女成长知识教育以及个人职业技能拓展能力等方面。目前我国还没有能够承担起这种广泛的、面向大众群体的教育培训责任的专门部门，根植于社区居民学习需要的社区教育应责无旁贷地承担起家长教育的培训活动任务。

四、未来的“星级家长”：万物互联下的家长终身学习支持

作为浙江省教育厅第一批数字化改革创新试点项目，“星级家长执照”已经完成了架构迭代和功能升级，正式融入“浙里办”（见图8-2-1）。“浙里办”是一款基于浙江政务服务网一体化平台能力的APP，它融合了区域内数以千万计的民生项目，涵盖邻里、低碳、创业、教育、健康、建筑、交通、治理、服务等各类场景，实现了一次登录、各类场景服务和数据无缝对接。

图8-2-1　浙里办APP中的“星级家长执照”

“星级家长执照”在“浙里办”上设立了在线学习、线下课程、在线测试、人文行走、个人中心五大模块，实现学习培训、检验测试、陪伴展示、积分累计、证书领取、互动交流等功能一站式集成，突破家庭教育人力、物力、信息资源瓶颈，搭建“人人、时时、处处皆可学”的家长教育泛在学习空间。

“星级家长执照”融入“浙里办”后，将极大地拓展其对家长终身学习的支持能力。其中的“电子学习地图找课”功能，能实现线下学习点的导航与课程检索，线下课程以现场专属二维码签到积分。而大字“关怀版”则方便祖辈使用。

“星级家长执照”不仅拓展自身的资源、提升自身的功能，还将筛选、融通“浙里办”其他场景的资源，打造全面满足家长终身学习需求的一站式支持中心，使其对家长成长的支持不再局限于家庭教育能力的提升，而是拓展到职业提升、个人素养提升、家庭教育服务等各个方面，成为“全方位、全年龄、全时段、全渠道”的家长成长数字学习空间。

在21世纪，互联网已经全面渗透人类的社会，“万物互联（IoE, Internet of Everything)”将人、流程、数据、事物结合在一起，使得网络连接变得更加相关、更有价值。“万物互联”的时代，人机交互不再局限于计算机、手机等综合信息终端，以智能音箱、智能手环、智能家电、智能汽车为代表的科技创新产品都在竞相成为新的网络入口。

在未来，上城区将基于“星级家长执照”创建更多的线上、线下数字服务场景，利用各种类型的数字终端为家长提供家庭教育支持和终身学习支持。

“未来已来，只是分布不均”，上城区将通过不断迭代的家长成长服务创设高品质协同育人环境，打造智慧家庭教育新生态。

参考文献

[1] 郗厚军．学校家庭社会协同育人：性质指向、理论意涵及关键点位[J]．东北师大学报(哲学社会科学版),2022(3):139-145.

[2] 丛中笑．构建家庭教育视角下的家校社协同育人机制——《家庭教育促进法》实施的新趋势[J]．中华家教,2022(2):13-19.

[3] 毕成，牛楠森，李浩英．中国家庭教育事业发展与改革对策研究[J]．中华家教,2021(5):20-33.

后 记

⊙

春华秋实，硕果累累。终于到了美好的丰收时节，《家长执照：合力推进协同育人的有效范式》一书在大家的鼎力支持下，即将完稿付梓，与广大读者见面。

家是最小国，国是千万家。家庭教育事关千家万户，也关乎国家民族的未来。家庭教育指导服务既是教育部门的重任，更是全体社会成员的使命担当。

服务民生，干在实处，勇立潮头，永无止境，为建设“共富典范”上城图景的教育人，在家庭教育指导服务方面进行了不懈探索和大胆创新，“星级家长执照”就是最好的成果与见证。

早在 2017 年 5 月 16 日就正式启动的“星级家长执照”，是由上城区委、区政府领衔打造的综合性项目，是汇聚区域力量创新家庭教育指导服务的上城模式。数年来创新家庭教育有效范式的探索与实践，凝聚成了本书这一阶段性研究成果。

本书是由杭州市上城区教育局项海刚局长主编的“上城教育高质量发展系列丛书”中的一本，“星级家长执照”更是他教育理念倾力绘就的美好蓝图。局党委委员赵坤负责统筹指导，陈继明、潘国伟负责牵头实施并设计书稿的整体框架，李萍、周化胜负责全书的统稿，周化胜负责协调编写过程中的有关事务，金大鹏担任科研助理。

本书各章节作者如下：第一章，庞科军、李萍；第二章，庞科军、李萍、周化胜；第三章，项洁月、戚亦平；第四章，徐跃峰；第五章，郑君辉、石红艳、谢莲君；第六章，缪华良、张立栋；第七章，郦云、张西琴；第八章，虞勇、牛娟。

在编写组梳理、总结与提炼过程中，得到了诸多专家、领导和教师的支持，尤其是华东师范大学教育学部主任袁振国教授、浙江省教科院王健敏副院长、杭州市教育学会施光明副会长、杭州市教育科学研究院张金英主任、区委常委宣传部部长范卫东，给予了全程的关注并提出了宝贵建议。辖区内相关中小学、幼儿园提供了翔实的校本实践资料。书中所参阅文献的几十位国内外专家学者，为本书撰写提供了重要的思想启迪和坚实的思想支撑，在此，谨一并表示诚挚的谢意！

家庭教育，事关国计民生，利在千秋万代；家庭教育服务指导工作，任重道远。《家长执照：合力推进协同育人的有效范式》是杭州市上城区举全区之力推进家庭教育工作的智慧结晶，代表了上城学校、社区家庭教育工作者的理论与实践智慧，具有一定的理论性，更具有较强的实践色彩。我们希望本书能为全省乃至全国各地全面推进落实家庭教育服务指导的实践探索提供一定的有效经验。由于“星级家长执照”是一个全新尝试，其自身也在不断发展、演进之中，同时受限于时间、精力等众多因素，书中存在的疏漏和不足之处，需要我们进一步深化和完善，在此敬请广大读者批评指正。

追寻“美好教育”，助力“美好家长”，我们一直在路上。

让我们共同努力，持续做好新时代家庭教育服务指导的“大文章”，为最终建构起富有时代特征、彰显地域特色、体现先进水平的家庭教育新格局而不断努力。

编者

2023 年 3 月于杭州